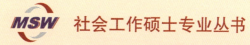

**MSW** 社会工作硕士专业丛书

社会工作硕士专业丛书·实务系列

# 中国贫困人群的社工服务
## "大爱之行" 项目研究

# Social Services for the Poor in China
## "March for Compassion" Project Research

李昺伟　吴耀健　郭思源　陈安娜 等　著

社会科学文献出版社
SOCIAL SCIENCES ACADEMIC PRESS (CHINA)

本研究及出版获民政部社会工作司及
李嘉诚基金会资助

　　感谢李嘉诚基金会、汕头大学国家社会工作专业人才培训基地和民政部与李嘉诚基金会合作之"大爱之行——全国贫困人群社工服务及能力建设"项目的支持

# 前　言

李昺伟*

"大爱之行——全国贫困人群社工服务及能力建设"项目是由民政部和李嘉诚基金会合作的首个在全国各地同步开展的社会工作发展项目。李嘉诚基金会捐款 2000 万元资助社会工作专业服务、社会工作专业人才培训、政策研究与倡导，各地财政以政府购买服务的方式配套资金 1855 万元。项目于 2014 年 7 月正式启动实施，带动全国 29 个省区市共计 110 个社会工作服务机构，面向农村留守人员、城市流动人口、贫困老年人等十类贫困人群开展 110 个社会工作服务项目，受惠人数逾百万。

为探索社会工作专业服务经验、总结服务开展过程中遇到的挑战与应对策略、分析社会工作专业力量解决个人及社会问题的效果、全面呈现我国社会工作发展特征与趋势、营造社会工作良好的发展环境，我们于 2015 年 6 月组建了一支由中山大学社会工作教育与研究中心研究人员组成的研究团队，选取 7 个 "大爱之行" 重点示范项目作为研究对象开展成效导向的行动研究（见表 1），重点探索以下议题：（1）贫困人群处境改变的服务过程与成效；（2）三社（社区、社会组织、社会工作）联动的社区资源挖掘与组织协作；（3）社会工作服务流程与项目管理；（4）社会工作服务标准的研制。

此次行动研究，我们期望能够链接社会工作机构的服务实践并结合中山大学的研究资源，实现以下目的：（1）探索成效导向的社会工作服务方案设计、服务过程与评估；（2）分析贫困人群的需求和社会处境，以及社

---

* 李昺伟，中山大学社会学与社会工作系副教授；研究方向：弱势社群与社会工作、长者保障权益倡导、社会工作综合服务模式。

区资源整合和组织协作；（3）呈现社会工作专业价值的渗透、服务方法的运用及服务项目的设计、实施与管理过程；（4）讨论提炼在地社会工作服务经验，形成基本服务标准和服务指南；（5）反思社会工作介入贫困人群的专业价值与主体性。

表1 "大爱之行"项目行动研究研究对象及社工机构

| 社会工作服务项目 | 社会工作机构 |
| --- | --- |
| 藏族游牧地区留守人员社会工作服务项目 | 青海惠民社会工作研究发展中心 |
| "情暖新厦门人"城市融入与社会参与社工服务示范项目 | 厦门市湖里区希望社工服务中心 |
| 居家养老合作社——社会工作介入特殊老人社区照顾服务项目 | 合肥市爱邻社会工作服务社 |
| 长期病患与晚期癌症患者社区照顾试点项目 | 成都市同行社会工作服务中心 |
| 皖西南大别山区偏远特困村（石盆）生计发展社工服务项目 | 安庆市全人社会工作发展中心 |
| "阳光导航"计划武汉市不良行为青少年矫正服务项目 | 武汉博雅社会工作服务中心 |
| 医路同行——南海人民医院医务社工服务计划 | 佛山市南海区启创社会工作服务中心 |

本书分为两部分：理论编和实践编。基于一定的哲学思想、价值理念来开展的专业服务，是具备反思能力的社工所看重的。为此，我们在理论编中研究和分析已有经验，讨论有关社会工作服务发展的实证为本、行动研究取向、成效导向（项目发展的逻辑模式）等哲学思想和价值理念。《"实证为本"的实践模式在发展中国本土化社会工作理论中的应用》一文介绍"实证为本"的社会工作实践的兴起背景、基本内涵、基本执行步骤、主要评价，并以此为基础论述了应用"实证为本"实践模式构建中国本土化社会工作理论的可行性。《行动研究：迈向中国社会工作的实践性与反思性》一文阐释行动研究的理念和观点，论证其不仅仅是一种研究取向和方法，同时还可以成为一种社会工作的行动模式；说明采用这种模式将如何使社会工作迈向实践性和反思性，并详细阐明运用这种模式的具体步骤与做法。《社会工作服务项目的方案设计与评估：项目发展的逻辑模式——与"大爱之行"项目实践的对话》介绍项目发展的逻辑模式（PDLM）的起源及意义，分析在实践中如何设定项目的成效这一PDLM的核心部分，阐明PDLM在项目管理中的整体逻辑框架和思路，根据"大爱之行"项目的实践

探讨 PDLM 在实践中的成效、不足与未来展望。

在实践编中，我们基于理论编介绍的哲学思想、价值理念，关注不同的"大爱之行"子项目如何开展行动及实践，坚守怎样的专业价值，如何挖掘服务对象及社区的需求，达成了哪些目标或在服务过程中提升了服务对象的哪些能力，增强了服务对象的什么意识，促进服务对象及其处境发生了什么改变，"三社"联动的方式及效果怎样，服务方案设计、服务流程与项目的执行情况怎样及如何调整、改进服务方案，如何研制服务标准，等等。其中，《民族社会工作实践的本土化探索研究——以藏族游牧地区留守人员社会工作服务项目为例》重点关注少数民族人群的需求及社会处境，分析青海惠民社会工作研究发展中心在青海省海北藏族自治州刚察县沙柳河镇恩乃村提供的留守人员服务，对整个服务过程进行阐释，从中总结出民族社会工作者对所遇到的富有民族特色的问题的应对经验。《动态需求评估嵌入社工服务方案设计的探究——以"情暖新厦门人"城市融入与社会参与社工服务示范项目为例》将焦点放在服务需求评估上，探索动态需求评估嵌入社工服务方案设计的方式，结合实证性、解释性、互动性需求评估在服务中的动态测量，提出适应流动人口流动性及变化性的动态需求评估方式和社工服务形式。《"三社联动"的老年社区照顾及人文关怀——以居家养老合作社——社会工作介入特殊老人社区照顾服务项目为例》、《社区照顾模式在本土社会工作服务中的应用研究——以长期病患与晚期癌症患者社区照顾试点项目为例》和《从专业合作社到综合农协的农村发展之路？——以皖西南大别山区偏远特困村（石盆）生计发展社工服务项目为例》三篇文章分别从志愿团体、专业组织、自治组织等社区社会组织的孵化与培育的角度，探索部门协作、"三社"联动、资源整合的服务过程，分析社区支持网络建设和资源整合在社区照顾、地区发展的社区工作中如何发挥作用、取得成效。《由"划桨"到"掌舵"：政府购买社工服务的个案研究——以"阳光导航"计划武汉市不良行为青少年矫正服务项目为例》描述和分析了在共青团武汉市委员会、武汉市民政局、民政部及李嘉诚基金会资助下，政府购买社会工作服务的本土经验和面临的问题，探索如何由"划桨"到"掌舵"，实现职能转移。《佛山市南海区医务社会工作服务标准研究——以医路同行——南海人民医院医务社工服务计划为例》分析在本土实践经验的基础上提炼及研制医务社会工作服务标准的过程。最后，我们以《"实证为本"社工服务的发展——广州经验的分享》作为蓝本，让前线经验能成为实践的重要参考。

我们期望本书的出版能把"大爱之行"项目成果展示出来，使"大爱之行"项目成为政府主动创新、驱动民间力量参与和改善民生事业的社会协作的试验田，为未来政府创新社会治理和职能转移提供重要示范与参考经验。同时，我们热切期待引发更多的集体智慧火花，与更多的志同道合者一起来努力建设小康社会。我们尤其期望在社会工作专业发展和社工身份认同的面向上，进一步厘清社会工作在社区和社会建设中的定位，从服务的基本平台——社区——出发，把全面建设小康社会的目标放置在社会结构底层的生活场景，进入社区生态环境中了解老百姓的需要，明白社会工作与弱势人群的同行关系，坚持社区为本、需求导向，倡导生活质素改善的基本服务原则，使社会工作成为社会建设的正能量生力军。

# 目　录

**理论编**

“实证为本”的实践模式在发展中国本土化社会工作理论中的

  应用…………………………………………… 黄　丹　李昱伟 / 3

行动研究：迈向中国社会工作的实践性与反思性 ……………… 吴耀健 / 18

社会工作服务项目的方案设计与评估：项目发展的逻辑模式

  ——与“大爱之行”项目实践的对话 ………………………… 郭思源 / 31

**实践编**

社会服务专业发展

  ——从实践创新到制度创新 ………………………………… 李昱伟 / 51

民族社会工作实践的本土化探索研究

  ——以藏族游牧地区留守人员社会工作

  服务项目为例 ………………………………… 谭宇凌　李昱伟 / 53

动态需求评估嵌入社工服务方案设计的探究

  ——以“情暖新厦门人”城市融入与社会参与社工服务

  示范项目为例 ………………………………… 朱汶静　郭思源 / 68

“三社联动”的老年社区照顾及人文关怀

  ——以居家养老合作社——社会工作介入特殊老人社区

  照顾服务项目为例 ………………………………… 陈安娜　吴耀健 / 85

社区照顾模式在本土社会工作服务中的应用研究

    ——以长期病患与晚期癌症患者社区照顾试点

        项目为例…………………………………… 钟龙生　吴耀健 / 104

从专业合作社到综合农协的农村发展之路？

    ——以皖西南大别山区偏远特困村（石盆）生计发展

        社工服务项目为例………………………………… 陈安娜 / 120

由"划桨"到"掌舵"：政府购买社工服务的个案研究

    ——以"阳光导航"计划武汉市不良行为青少年矫正服务

        项目为例………………………………………… 郭思源 / 143

佛山市南海区医务社会工作服务标准研究

    ——以医路同行——南海人民医院医务社工服务

        计划为例……………………………………………… 吴耀健 / 160

"实证为本"社工服务的发展

    ——广州经验的分享………………………… 王　壬　李昺伟 / 171

理论编

# "实证为本"的实践模式在发展中国
# 本土化社会工作理论中的应用

黄　丹　李晷伟[*]

**摘　要：** 本土化社会工作理论的建立是实现中国社会工作专业化的重要内容，但如何有效建构中国本土化的社会工作理论仍缺乏清晰、具体的讨论。本文介绍了"实证为本的社会工作"实践的兴起背景、基本内涵、基本执行步骤、主要评价，并以此为基础论述了应用"实证为本"实践模式构建中国本土化社会工作理论的可行性：其"科学性"使其在中国的情境下具推行优势，有利于建构系统性的本土化理论，有利于保证专业从业者在中国本土化社会工作理论的构建中"发声"。

**关键词：** "实证为本的社会工作"　本土化

## 一　导言

改革开放以来，中国社会面临急剧的转型，其"速度之快、范围之广、冲击之大、影响之深"前所未有（刘继同，2005）。随着社会转型，社会问题丛生，社会治理成为政府关注的重要议题。作为专业化、科学化、规范化的社会治理手段，社会工作逐步被政府决策者所看重（田丰韶，2014）。2011 年，中央组织部、中央政法委、民政部等 18 个部门和组织联合发布的

---

[*]　黄丹，香港中文大学社会工作与社会行政系 2014 级在读博士生，中山大学社会工作硕士，国家中级社会工作师，广州市注册社会工作督导，研究方向为青少年社会工作、性别研究；李晷伟，中山大学社会学与社会工作系副教授，研究方向为弱势社群与社会工作、长者保障权益倡导、社会工作综合服务模式。

《关于加强社会工作专业人才队伍建设的意见》明确指出：社会工作专业人才对于"解决社会问题、应对社会风险、促进社会和谐、推动社会发展具有重要的基础性作用"。

与西方社会工作自我积累和自然生成的特点不同，中国社会工作的发展一直都带着政府"强势建构"的色彩（史柏年，2013）。1979年3月，中国社会学研究会成立，拉开了社会学在中国恢复重建的序幕，当时被理解为"应用社会学"的社会工作也随之恢复重建。然而，在我国，社会工作长期以来没有在政策层面引起政府足够的重视，也缺乏在实务领域的专业实践。中国社会工作的专业发展一直是教育先行、实务滞后。在理论发展层面，目前国内社会工作研究仍然缺乏学术性而流于对实务的经验总结、缺失理论概括和指导而成为泛泛之谈（范明林、徐迎春，2007）。

然而，社会工作理论对社会工作专业来说至关重要：社会工作制度的建立、社会工作专业性的确立、社会工作方法的形成、社会工作实务的发展、社会工作人才的培养等，无不与理论的发展紧密联系（李迎生，2008）。其中，本土化的社会工作理论尤为重要：社会工作者是在特定的文化情境下工作的，不同的文化中有不同的社会工作，我们必须在特定的社会和文化环境下理解社会工作。在中国社会中发展社会工作理论，必须考量中国特有的文化对其的深远影响（田毅鹏、刘杰，2008）。

沃尔顿和那塞（Walton & Nasser，1988）指出，发展中国家社会工作的专业化进程一般要经历三个阶段：引进阶段、本土化阶段和扎根阶段。在不同的阶段，理论工作的重点不同：引进阶段的理论工作，要引入和介绍西方国家的社会工作理论；本土化阶段的理论工作，要对西方社会工作理论进行全面的反思，并在中国的语境下进行诠释和创新；扎根阶段的理论工作的重点则是立足于中国本土的历史、文化、社会脉络，建构具有中国特色的社会工作理论体系，从而可以与西方国家的社会工作理论对话并为社会工作理论的发展做出贡献。目前，中国还处于为实现理论本土化而努力的阶段（徐选国、侯慧，2013）。从2004年开始，西方社会工作理论的本土化才逐渐成为社会工作研究中相对独立的研究领域（唐咏，2009）。

没有强劲的社会工作理论，就没有强劲的社会工作（何雪松，2012）。中国本土化社会工作理论的构建势在必行。学者们指出，中国本土化社会工作理论构建存在两大方向：外来的西方社会工作理论的"本土化"以及对"本土性"的社会工作理论的总结和构建（李迎生，2008；王思斌，2001）。但对如何有效建构中国本土化社会工作的基础理论及实践理论、形成本土化的理论体系，依然缺乏清晰的、具体的讨论。

近十几年来，"实证为本"的理念被引入并影响了社会工作的发展，逐渐发展出"实证为本的社会工作"（evidence-based social work）理论。"实证为本的社会工作"实践，遵循了实证主义的范式，符合社会工作一贯追求"科学性"的传统。"实证为本的社会工作"实践的兴起，不仅帮助前线工作者基于实证证据做出基于服务对象利益的实务决定，也回应了理论与实践之间存在的脱节问题，支持研究人员进行"实证为本"的研究，从而建立系统性及经实践检验的社会工作理论。

那么，"实证为本"的实践，是否可以应用于中国社会工作本土化理论的构建呢？在本文中，笔者将首先尝试提出中国本土化社会工作理论的概念、论述其构建的重要性，并介绍"实证为本的社会工作"实践的兴起背景、基本内涵、基本执行步骤、主要评价，以此为基础探讨应用"实证为本"实践模式构建中国本土化社会工作理论的可能性及其局限性。

## 二　发展中的中国本土化社会工作理论

### （一）何为"中国本土化社会工作理论"？

什么是"中国本土化社会工作理论"？在讨论这个问题之前，我们需要回答：什么是"社会工作在中国的本土化"？王思斌（2001）认为，"本土"是一个内涵丰富的概念，不仅指人们生活的地方，也包含浸润那个地方的文化及社会制度。"本土化"指的是外来的东西进入"本土"并适应本土的要求而生存和发挥作用的过程。"社会工作在中国的本土化"指产生于外部的社会工作模式进入中国，与新的社会环境相互影响进而适应中国社会的需要而发挥功能的过程。

实际上，在"本土"的地理、文化、社会意义背后，还有更丰富的意涵。"本土"和与之相对的"非本土"，都是多元、复杂、流动的。殷妙仲

（2011）在他的文章中，对这一点有着非常精彩的论述：

> 存在于本土与非本土之间并不是一条明确的地理界线；相反，是一张由站在不同社会，具有不同理论观点、文化、利益和需要的人所组成的，充满互动和诠释、再诠释的人与人交往的网络。透过这张模糊不定的关系网络，所谓的本土化社会工作不断地被想象，再想象。（殷妙仲，2011：68）

社会工作的本土化，并不是简单的外来专业"嵌入"中国社会的过程。社会工作是被建构的，其中有三股力量参与了它的建构：创建和控制社会工作成为职业的力量、在主动或被动寻求帮助的人群中创建案主关系的力量、创建社会工作实务运作的社会脉络的力量（Payne，1991）。笔者认为，所谓的"中国本土化社会工作理论的构建"，就是创建符合中国的实际情况及需要的理论，将本土化和非本土化的不同理论元素重新吸收、消化、拆解、重建的过程。

中国本土化社会工作理论的构建，并不是一个单纯的学术过程。在这个过程中有许多利益相关者参与，包括中国的各级政府、西方社会工作理论学者、中国社会工作理论学者、中国社会工作的前线实践者、中国社会工作的服务使用者等。在这个过程中，每一方都在为自己所代表的利益团体"发声"及"角力"。因此，这一过程是充满争论、矛盾和妥协的（殷妙仲，2011）。

### （二）中国本土化社会工作理论构建的重要性

目前，中国还处于实现理论本土化的阶段（徐选国、侯慧，2013）。在国家大力扶持、发展社会工作专业的今天，中国本土化社会工作理论的构建对社会工作的专业化和本土化都有着至关重要的作用。

第一，本土化社会工作理论的构建是实现中国社会工作专业化的重要内容。是否有一个理论体系，是衡量一个专业可否被称为专业且获得社会承认的重要标志。格林伍德（Greenwood，1957）在《专业的属性》中提出，社会工作作为一门专业应具备五个基本特征：一个理论体系（a body of theory）、专业的权威（professional authority）、共同遵守的伦理守则（code of ethics)、社会或社区的认可（sanction of the community）、专业的文化（professional culture）。在格林伍德提出的五个基本特征中，第一个就是有"一个理论体系"，可见理论对一门专业的重要程度。另外，由于社会工作的理论和实务是其所处的环境的产物并深受环境的影响，因此西方社会工作理论在中国的应用有其文化局限性。田毅鹏和刘杰（2008）认为，与西方不同，中国人的社会是"个人—家庭—社会"三级模式，"家"的文化对中国社会工作本土化有重要影响。所以，社会工作专业在中国的专业化，必须建立在构建中国本土化社会工作理论的基础之上。

第二，本土化社会工作理论的构建是推行本土化及切实可行的社工实践的必然要求。社会工作本身是专业助人的工具，社会工作的科学性是通过社会工作者对专业知识的内化及从事各项活动以展现其专业技能来体现的（Skidmore & Thackeray，1982）。社会工作理论对社工从业人员解决案主问题能力的培养有直接相关的作用（李迎生，2008）。目前，指导中国社会工作实践的理论大部分来自对西方教科书的翻译及重新编写。前线社会工作者在使用这些理论的时候，往往是"拿来即用"，但这些来自西方的专业理论并没有和本土的实践经验相联系、融合、改进，因此也不能很好地指导本土的实践。由于中国的前线社会工作者在专业教育中实务训练不足，再加上缺乏本土化的理论储备、从业经验有限，因而社会工作者的专业介入呈现"碎片化"的特征，社会工作者在具体的工作场域中所展现的专业水平受个体特征的影响很大。因此，中国社会工作的前线实践，急需本土化理论的指导。

第三，本土化社会工作理论的构建有助于打破社会工作中西方主流话语占主导的局面。现有的社会工作知识体系基本上是植根于西方文化并在西方的话语体系中发展起来的，并由西方国家向非西方国家扩散，因此"作为社会工作知识体系重要组成部分的社会工作理论也是由西方世界所主导并对非西方国家具有无可比拟的话语霸权和学术影响力"（文军，2014）。构建中国本土化社会工作理论，不仅是回应中国社会工作实践发展的需要，也是在社会经济全球化变迁下摆脱对西方社会工作理论的高度依赖的必然要求，是超越现有的西方社会工作理论主流话语的重要手段（文军，2014；徐选国、侯慧，2013）。

也就是说，既要对西方社会工作理论进行本土性重塑和改造，也要对本土性的社会工作经验加以总结、提炼。

## 三 何为"实证为本的社会工作"实践？

### （一）兴起背景

"实证为本"的实践（evidence-based practice）起源于"实证为本的医学"（evidence-based medicine），其发端可以追溯到 20 世纪 70 年代。1973年，科克伦（Archie Cochrane）在《效果与效率》一书中对当时的医学实践提出了质疑。科克伦认为，对当时医学中的许多治疗程序和手法，没有证据来证明其成效，甚至已经对许多病人造成了伤害。他提出需要把随机控制的实验设计（randomized controlled trials）引入医学实践，以证明医学治疗或者介入的成效。1985 年，基于科克伦的论述，萨基特（David L. Sackett）等学者进一步提出，需要把文献研究的最新成果结合到医生的训练和患者的照顾中。1991 年，盖亚特（Rdon H. Guyatt）率先提出"实证为本的医学"这一概念（陈树强，2005）。萨基特等（1996）随后定义了"实证为本的医学"的概念：尽责、清楚、审慎地把最佳的证据应用于对于个别患者的治疗、照顾决定中。2000 年，这个定义被修订为：基于最佳的研究证据、医生临床专长与患者价值的整合做出的对患者来说最好的医学判断（Mullen，2002）。

经过 40 多年的发展，"实证为本的医学"的概念已经被英、美等西方发达国家广泛应用，中国医学界也引入了这一概念并将其翻译为"循证医学"（何雪松，2004）。随着"实证为本的医学"的发展，"实证为本"理念的影响范围不断扩大，在医学界、临床心理学、社会工作等人类服务学科掀起了一股"实证为本"的实践的潮流（何雪松，2004）。

### （二）基本内涵

近十几年，"实证为本"的理念被引入并影响了社会工作的发展，逐渐发展出"实证为本的社会工作"。麦克尼斯和赛依尔（McNeece & Thyer，

2004）认为，"实证为本的社会工作"是基于最佳的证据、社会工作者的临床专长及案主的价值三者的结合开展的。其中，"最佳的证据"指的是社会工作者可获得的最好的实证研究；"临床专长"指的是社会工作者基于自身的教育、经验和人际技巧而拥有的实践专长与知识；"案主价值"指的是案主自身的期望、关注和偏好。总的来说，"实证为本的社会工作"的着眼点在于帮助实务工作者在工作中做出最好的判断。在"实证为本的社会工作"实践中，实务工作者是证据的批判者、证据的找寻者、证据的评估者和决策的制定者。

"实证为本的社会工作"实践重视以下内容：介入初期细致的评估、制定清楚和可测量的介入目标、在证据整合的基础上制订介入方案、根据介入目标调整或者结束介入方案（McNeece & Thyer，2004）。证据在整个介入过程中有至关重要的作用。那么，什么样的证据被认为是"好"的证据呢？"实证为本"的实践认为，由高的效度和信度的研究得来的信息是"好"的证据，如经过系统性回顾（Systematic Reviews）或元分析（Meta-Analyses）的总结性文献、准实验设计等，而质性研究等则被认为是"较差"的证据（McNeece & Thyer，2004）。

### （三）基本执行步骤

"实证为本的社会工作"大概可以分成六个步骤：提出问题、找寻证据、评鉴证据、找出最好的实践方案、执行实践方案、评估方案及反馈（Rubin & Babbie，2014）。这六个步骤环环相扣，密切联系，缺一不可。

（1）第一个步骤：提出问题

社工基于日常的实践提出一个可回答的临床问题。这个问题可以是根据单个或一群服务对象的需求提出的（Rubin & Babbie，2014）。这个问题可以是问题的起因、问题的评估、可能的治疗方法或预防措施等（何雪松，2004）。鲁宾和巴比（Rubin & Babbie，2014）建议可以这样提出问题：什么样的介入可以产生最好的介入效果？什么样的因素能够最好地预测结果？如果运用在我的案主身上会怎样？我该使用哪种测量工具？

（2）第二个步骤：找寻证据

社工根据已提出的问题，寻找可以回答问题的最佳的证据。在开始找寻答案之前，社工需要理解问题的性质，以有的放矢，找寻相对应的最佳的证据。主要需要考察问题是否包括治疗、伤害、预后或诊断，相对应的不同的研究设计将有不同的优先权（陈树强，2005）。Mullen（2006）建议可以使用"自下而上"和"自上而下"两种不同的策略来收集证据。在"自下而上"的证据收集中，社工需要收集一切可以接触到的相关研究再进行甄选；在"自上而下"的证据收集中，社工则主要依靠其他人已经做过的可靠的、相关的研究总结和研究回顾。

（3）第三个步骤：评鉴证据

社工对收集到的证据进行评判、鉴别和筛选。在这一步骤中，要考量的是收集到的证据的有效性及实用性。社工需要了解研究的整体效度和信度，从而对研究的质量及水平做出总的评判。同时，社工要评估研究结果对我们提出的问题来说，是否直接相关，是否重要，是否可应用。

（4）第四个步骤：找出最好的实践方案

社工基于已经筛选、评鉴过的研究证据，找出对服务对象来说最好的实践方案。首先，社工要评估研究结果对服务对象来说，是否可应用，是否存在一些文化或情境的不同，使其不能被应用在我们的服务对象身上，这样的实践取向与我们的服务对象的价值和偏好是否一致；其次，社工还需要考量对我们的机构来说，这样的介入是否可行。进行上述两方面的评估后，社工还需要事先告诉服务对象不同的介入方案可能有的正面和负面的效果，让服务对象可以一同参与并制订对他/她来说最佳的方案（Rubin & Babbie，2014）。

（5）第五个步骤：执行实践方案

社工在征得服务对象的同意（inform consent）之后，就可以开始执行实践方案了。在这里需要注意的是，在社工尝试使用一种新的介入方法之前，需要通过参加专业研讨会、教育工作坊及持续训练等来熟练掌握该方法。另外，社工也需要与服务对象合作，共同商讨出可衡量的、可追踪的介入目标（Rubin & Babbie，2014）。

（6）第六个步骤：评估方案及反馈

当执行实践方案完毕后，社工还需要与服务对象一起评估方案对服务对象来讲是否有效。除了服务对象参与评估外，社工也可以邀请同事或其他同行一起参与成效的评估。如果介入被证明是无效的，社工需要思考并寻找办法在未来进行改进（陈树强，2005）。另外，社工也可以将介入的过程及效果写下来并且将文章发表，以供更多的同行参考。

### （四）主要评价

尽管"实证为本"的理念在社会工作实践中的影响范围日益扩大，但在社会工作的实践中，对于"实证为本的社会工作"的评价一直褒贬不一。

相比传统的实践模式，"实证为本"的实践有以下进步意义：第一，它重视前人的研究成果，探寻、比较哪种介入方案对案主来说是有效的，从而保证助人活动经过临床的验证，是可被信任、复制、推广的；第二，它颠覆了传统的以权威和经验为主的实践模式，在"实证为本的社会工作"实践中强调服务对象对于决策的参与，更加符合社会工作案主"自决"的伦理价值；第三，"实证为本的社会工作"强调社会工作者要将自己的实践与之前的实践相比较，取长补短，在过程中不断修正、完善对相应问题的处遇方法和技巧；第四，"实证为本的社会工作"有助于社会工作者应对具体的实务介入中诸多的不确定性，包括由服务对象个体差异所带来的问题界定的不确定性、由社会工作方案的多样性和多元性带来的不确定性、由社会工作者"拿来即用"的介入取向所带来的介入效果的不确定性（田丰韶，2014）。

同时，针对"实证为本的社会工作"实践有以下批评：第一，这样的实践照本宣科，忽略了社会工作专业的艺术性及其伦理价值；第二，这样的实践要花费大量的时间、精力，成本较高；第三，这样的实践模式并不能在社会工作者的日常工作中被普遍运用；第四，这样的实践并不能被运用在那些没有研究成果的实务问题的解决之中；第五，这样的实践过于强调对量性研究成果的运用，是对社会工作知识的狭隘的理解，忽略了社会工作的质性研究成果的重要性及社工知识来源的多样性（殷妙仲，2011）。

## 四 "实证为本"实践模式与本土化社会工作理论的构建

"实证为本"的实践在西方的兴起深刻地影响了社会工作的发展——不

论是社会工作的实践，还是社会工作的研究（陈树强，2005）。在下文中，笔者将探讨：作为一种具体的实践模式，它是否可以被应用于本土化社会工作理论的构建？如果可以的话，它的优势和局限是什么呢？

### （一）"实证为本"的理论本土化：一种可行的策略

"实证为本"的实践模式，遵循的是实证主义（positivism）范式。实证主义是由法国哲学家孔德开创的，认为对现实（reality）的认识只有通过科学的方法才能获得。实证主义者强调在观察和了解现实的过程中，追求客观性及科学性的重要性。持实证主义观的社会工作者认为：建立在一定科学知识基础上的社会工作实务，一般来说要比直觉导向或权威导向的实务工作有更佳的介入效果（Mullen, Bledsoe, & Bellamy, 2007）。

事实上，追求"科学性"是社会工作的一个传统。在社会工作创建之初，社会工作者希望将自己的实践建立在科学知识基础之上。1917 年，美国学者里士满（Mary E. Richmond）出版了《社会诊断》一书，试图使社会工作形成一套独立的专业知识。她在书中指出，社会诊断是一个科学的过程，社会工作者是在科学的社会诊断下为不同人群提供社会服务的。作为一门"应用性"的专业，社会工作从生物学、医学、心理学、社会学、人类学、政治学、经济学等自然科学和社会科学中大量"借用"不同的知识，其中来自自然科学的知识大多来自使用实证主义范式的研究，而来自社会科学的知识有不少也是通过量化实证的研究得来的。

虽然社会工作大量采用来自自然科学和社会科学的理论与知识，但长期以来对社会工作专业的"科学性"颇具争议。社会工作发展至今，已经形成各种各样的实务模式供实务工作者选择，如社会心理学模式（psychological model）、认知行为模式（cognitive-behavior model）和问题解决模式（problem-solving model），尽管其中的某些模式比其他模式得到更多研究上的支持，但其合理性大都基于理论观点，很少基于科学证据（Rubin & Babbie, 2014）。与"以权威为基础"的实务模式不同，"实证为本"的实务模式应用科学的方法来做实务决定，由于其自带的"科学性"特点而受到社会工作专业的欢迎和接纳。

笔者认为，"实证为本"的实践的"科学性"使其成为构建中国本土化社会工作理论的一种可行的策略。笔者将从以下三个方面展开论述。

第一，"实证为本"的实践在中国的情境中具推行优势。一方面，"实证为本"的实践强调"科学性"的特点使其容易在中国的情境中被政府及大众接受。这是因为"在现代化的大语境中，科学化已成为中国社会用来评估所有社会系统、制度、事业和组织的标准"（殷妙仲，2011）。另一方面，"实证为本"的实践也适合在政府购买社工服务的大背景下推行。出于对民众问责的回应和财政拨款的需要，政府也需要了解哪些社工项目是有效的、经济的、达标的。"实证为本"的实践，正可以帮助政府去确认哪些社工项目相对来说是更加"经济"、"有效"、"达标"的。

第二，"实证为本"的实践适用于目前社会工作理论发展所处的阶段，有利于建立系统性的本土化社会工作理论。"实证为本"的实践可以支持社会工作研究人员进行更多的"实证为本"的研究（practice-based research）。一方面，目前中国社会工作理论处于"本土化"的发展阶段，其工作重点是对西方社会工作理论进行检验、重塑，而"实证为本"的研究通过随机对照方法等协助验证外来的社会工作理论在中国是否可行；另一方面，可以通过"实证为本"的研究来探索中国的社会结构因素和中国有别于西方的文化因素对社会工作的影响，尝试建构本土性的知识架构、发展本土性的实务技巧，为中国社会工作理论的发展由"本土化"阶段向"扎根"阶段转变做准备。在具体的理论构建上，"实证为本"的研究可以将重点放在构建提姆斯（N. Timothy）所说的"实施理论"①上面。也就是说，"实证为本"的理论可以用于直接指导社会工作实践。

第三，"实证为本"的实践有利于保证专业从业者在中国本土化社会工作理论的构建中"发声"。由于目前中国的社会工作实践缺乏具系统性、实证支持的理论的指导，因此从某个角度来说，社会工作专业人士的介入与非专业人士的工作之间并没有明确的界限。专业社会工作者缺乏足够的"底气"去宣称自己的工作是有效的。在现实中，由于大部分社会工作项目依赖政府的资金支持，政府在社会工作的成效评估方面拥有压倒性的主导

---

① 提姆斯将社会工作理论分为理论基础和实施理论两个层次：第一层次的理论来自其他学科，如社会学、心理学、精神科学等；第二层次的理论即实施理论，来自社会工作实践经验的积累，是直接用于指导社会工作实践和达成社会工作目标的。

权。但在"实证为本的社会工作"实践中，实务工作者是证据的批判者、找寻者、评估者，拥有主动权，因此这样的实践可以让他们有权力去评判哪些理论可以在中国情境下发挥作用，并加以总结，来构建中国本土化社会工作理论，在中国本土化社会工作理论的构建中代表专业进行"发声"。

### （二）"实证为本"的理论本土化：一把双刃剑

在上文中笔者论述了"实证为本"的实践是构建中国本土化社会工作理论的可行策略，但我们必须清醒地认识到它同样存在局限性："实证为本"的实践可能成为社会工作"临床化"和"去政治化"的推手。

社会工作是一个特殊的专业，它表达了国家对照顾深陷困境的人们的集体渴望（Dominelli，2004）。但同时，社会工作专业也是国家提供与管理福利的工具之一。然而，社会工作形塑群众的思想与行为的本质往往被隐藏在社会工作慈善利他的形象背后（Epstein，2005）。整体来说，社会工作有两大功能：一是照顾功能，另一是控制功能。这两大功能之间存在巨大的张力。在这种张力背后，社会工作内部也出现了分化，影响了专业的发展：一些人希望强化社会工作的控制性因素，强调个人责任；另一些人则希望推动结构性的社会工作，可以从宏观及微观层面对服务对象增权。

社会工作者服务的对象大部分是社会上的弱势群体，他们/她们的"失权"（powerless），很多时候并不是由个人的生理、心理、行为等因素造成的，他们/她们的困境往往涉及很多结构性因素。而"实证为本"的实践，关注以个人为本的介入方法，倾向于将问题"个人化"并提倡有的放矢地"解决问题"。这样的"临床化"倾向，使社会工作变得更加规则化，强化了社会工作作为"社会控制工具"的功能，而使其不能有效地扮演政策倡导者的角色，改变结构性因素。

笔者认为，中国本土化社会工作理论的构建，需要追求本土化社会工作知识来源的多样性，鼓励不同的利益相关者参与构建、检验本土的社会工作理论。目前中国本土化社会工作理论的构建受到政府的深刻影响：一方面，社会工作的发展由政府主导，社会工作理论是在社会主流论述框架下构建的；另一方面，政府购买限定了社会工作项目服务的人群，社会工作实践和研究关注的是社会工作传统的服务对象，如长者、妇女、青少年、残障人士，而对社会上被边缘化的其他弱势人群则缺乏投入和关注。因此，在中国本土化社会工作理论的构建过程中，要鼓励由社会工作机构自发开展的或由基金会等慈善组织支持的社会工作实务及理论研究，同时也要针对社会上非主流、被边缘化、小众的人群开展服务及进行理论研究。

## 五　结语

中国本土化社会工作理论的构建，就是要符合中国的实际情况及其需要，将本土化和非本土化的不同理论元素重新吸收、排斥、结合、拆解、重建。适合中国本土的社会工作理论，必须是在中国的社会、文化、制度中浸润并发展起来的。"实证为本"的实践是现阶段构建中国本土化社会工作理论的一种可行的策略：其"科学性"使其在中国的情境下具推行优势，有利于建构系统的本土化理论，有利于保证专业从业者在中国本土化社会工作理论的构建中"发声"。然而，社会工作实践模式不是唯一的，而是多元共存的。关于构建中国本土化社会工作理论的路径的论述，也应该是"百花齐放、百家齐鸣"的。多元共存的中国社会工作理论的本土化路径，仍需业界进一步共同努力。

**参考文献**

陈树强，2005，《以证据为本的实践及其在社会工作中的应用》，载王思斌主编《中国社会工作研究》（第二辑），社会科学文献出版社。

Dominelli, L., 2004，《女性主义社会工作：理论与实务》，林万亿、林青璋、赵小瑜译，台北：五南图书出版股份有限公司。

Epstein, L., 2005，《社会工作的文化：傅科与社会工作》，廖瑞华译，台北：心理出版社。

范明林、徐迎春，2007，《中国社会政策和社会工作文献综述——本土化和专业化》，《社会》第 2 期。

郭伟和、徐明心、陈涛，2012，《社会工作实践模式：从"证据为本"到反思性对话实践》，《思想战线》第 3 期。

何雪松，2004，《证据为本的实践的兴起及其对中国社会工作发展的启示》，《华东理工大学学报》（社会科学版）第 1 期。

何雪松，2012，《迈向中国的社会工作理论建设》，《江海学刊》第 4 期。

李迎生，2008，《构建本土化的社会工作理论及其路径》，《社会科学》第 5 期。

刘继同，2005，《中国社会工作发展状况与社会福利政策处境》，《首都师范大学学报》（社会科学版）第 1 期。

马凤芝，2013，《社会工作实践模式的演变及对我国的启示》，《中国青年政治学院学报》第 2 期。

史柏年，2013，《教师领办服务机构：中国社会工作专业化的理性选择》，《华东理工大学学报》（社会科学版）第 3 期。

唐咏，2009，《关系和嵌入性之外：中国社会工作理论本土化研究的路径选择》，《深圳大学学报》（人文社会科学版）第 2 期。

田丰韶，2014，《风险社会理论视域下的中国社会工作发展》，《社会工作》第 2 期。

田毅鹏、刘杰，2008，《中西社会结构之“异”与社会工作的本土化》，《社会科学》第 1 期。

王思斌，1999，《社会工作概论》，高等教育出版社。

王思斌，2001，《试论我国社会工作的本土化》，《浙江学刊》第 2 期。

文军，2014，《在反思中前行：中国社会工作理论研究的回顾与展望》，《青年学报》第 4 期。

徐选国、侯慧，2013，《中国社会工作理论本土化研究进展》，《社会工作》第 4 期。

殷妙仲，2011，《专业、科学、本土化：中国社会工作十年的三个迷思》，《社会科学》第 1 期。

Cochrane, A. L. 1973. *Effectiveness and Efficiency：Random Reflections on Health Services.* Oxford：Oxford University Press.

Greenwood, E. 1957. Attributes of a Profession. *Social Work*, Vol. 3 (2).

Marshall, T. H. 1975. *Social Policy in the Twentieth Century.* London ：Hutchinson.

McNeece, C. A. & Thyer, B. A. 2004. Evidence-based Practice and Social Work. *Journal of Evidence-based Social Work*, Vol. 1 (1).

Mullen, E. J. 2002. Evidence-based Knowledge：Designs for Enhancing Practitioner Use of Research Findings (a bottom up approach). In Presentation at 4th International Conference on Evaluation for Practice, University of Tampere, Tampere, Finland. ［Online］Available：http：//www. uta. fi/laitokset/sospol/eval2002/EvidenceF2002. PDF.

Mullen, E. J. 2006. Facilitating Practitioner Use of Evidence-based Practice. *Foundations of Evidence-based Social Work Practice*, Albert R. Roberts and Kenneth R. Yaeger (eds. ) .

New York: Oxford University Press, pp. 152 – 163.

Mullen, E. J. , Bledsoe, S. E. , & Bellamy, J. L. 2007. Implementing Evidence-based Social Work Practice. *Research on Social Work Practice*, Vol. 18 (4).

Payne, M. S. 1991. *Modern Social Work Theory: A Critical Introduction.* The Macmillan Press Ltd.

Rubin, A. & Babbie, E. 2014. *Brooks/Cole Empowerment Series: Research Methods for Social Work.* Cengage Learning.

Sackett, D. L. , Haynes, R. B. , & Tugwell, P. 1985. *Clinical Epidemiology: A Basic Science for Clinical Medicine.* Little, Brown and Company.

Sackett, D. L. , Rosenberg, W. M. , Gray, J. A. , Haynes, R. B. , & Richardson, W. S. 1996. Evidence Based Medicine: What It Is and What It Isn't. *BMJ: British Medical Journal*, Vol. 312 (7023).

Skidmore, R. A. & Thackeray, M. G. 1982. *Introduction to Social Work.* Prentice Hall.

Walton, R. G. & Nasser, M. M. A. 1988. Indigenization and Authentication in Terms of Social work in Egypt. *International Social Work*, Vol. 31 (2).

# 行动研究：迈向中国社会工作的
# 实践性与反思性

吴耀健*

**摘　要：**针对社会工作发展存在的"西化"或"同化"现象，本文指出，促进社会工作理论和实践的本土化发展，前提是社会工作要回归其最初的实践性和反思性，而行动研究是一种有助于迈向社会工作的实践性与反思性的研究取向和方法。本文试图阐释行动研究的观点，论证其不仅仅是一种研究取向和方法，同时也可以成为一种社会工作的行动模式；说明采用这种模式将如何使社会工作迈向实践性和反思性，并详细阐明运用这种模式的具体步骤与做法。

**关键词：**行动研究　社会工作的实践性与反思性

虽然社会工作实务的模式和具体做法并非总是一成不变地被社工照搬到其他地方，但在社会工作相对后发地区，社工在履行专业职责时，常常受先发地区的经验影响。哪种经验最适合当下情境？这个问题没有绝对的答案，但有一种做法普遍受到社工的重视，那就是对本土情境的了解和尊重，即提倡社会工作本土化。相反，有两种情形令人担忧：一是中国社会工作在西方主流话语的裹挟下缺乏自主探索和发展的空间。作为舶来品，社会工作专业教育所培养的社工熟悉的是"西化"的社会工作服务理论和实务方法，将这些理论与实务方法运用到中国具体情境中可能会遭遇"水

*　吴耀健，顺德职业技术学院社会工作专业讲师，中山大学社会工作教育与研究中心特约研究人员，国家中级社会工作师；研究方向：青少年社会福利与社会服务、社会工作机构运营与项目管理。

土不服"的困境，况且"拿来"的知识有可能会因不完整或未学到家等而导致服务的系统性、整合性和持续性不足（雷杰，2014）。二是社会工作在发展过程存在的"同化现象"。先进的经验是值得学习和借鉴的，但在社会工作快速发展的势头和机遇下，简单复制、将未经论证的经验移植到新项目中的做法也有不少。然而与西学中用一样，照搬同行或自己过往的经验到一个新情境中的做法也可能遭遇消化不良的问题，并且后一种做法的负面影响也许更持久，因为本土经验互相之间的同化是社工自觉推动的，其隐患不易察觉，改变的阻力较大。

社会工作的发展无论"西化"还是"同化"，其本质是没有真正了解自己，形成自己的东西。社会工作本土化发展，就是要破除社会工作发展的固定思维模式，减少路径依赖，注重对自身（本土情境）实践经验的总结和反思，形成本土化的社会工作实践和理论。当前，一种探索社会工作本土化的模式——"行动研究"——正逐渐获得社工界认可。行动研究本是一种研究取向和方法，在我国早期主要运用于教育界的教学实验，但是近年来随着社会工作试点项目逐渐铺开，一些高校社工教师以做行动研究的心态带领学生开展社会工作服务项目，使得这种行动研究的社会工作服务模式逐渐引起人们的注意，并成为一种推动本土社会工作发展的独特方法，为社会工作的实践和反思提供了基本的理论及信念支持。本文试图叙述行动研究的观点，并说明它如何使社会工作迈向实践性和反思性，从而为社会工作理论和实践的本土化发展提供基础。

## 一　社会工作的实践性

作为一个应用型专业，社会工作具有实践性。第一，这种实践性首先表现为社会工作的行动取向（夏学銮，2000）。社会工作需要开展服务活动来行动，无论是以里士满和慈善组织会社运动为代表的个体取向社会工作，还是以亚当斯和睦邻之家运动为代表的社区取向社会工作，都是"做出来的"（张和清，2015）。社会工作百年发展历史已证明，无论是理解社会、描述社会现象、解释社会运作、探讨社会问题背后的原因，还是分析社会群体或个体的需求，归根结底，社会工作是要探索解决问题和满足需求的方法与路径（古学斌，2013），通过开展服务、发起行动来解决问题、满足需求以及推动社会发展。由此可见，有别于一般社会科学，社会工作注重处理有助于实际情况改变或问题解决的具体事务。从这种意义上讲，社会工作的实践性就是实务性，有别于思想家，社工需要掌握解决社会问题、处理具体事务的方法与技术，以此开展社会服务的策划、组织、实施等具体行动。

第二，社会工作的实践性还表现为社会工作的实践感。社工需要深入老百姓的生活，对老百姓的日常生活感同身受，从内心深处感受服务对象的艰辛和经受的磨难，被他们的韧劲和希望感动，油然而生地产生一种情感和愿望，进而渴望和人们一起行动，带来改变，即产生"做的感觉"（张和清，2015）。社会工作的这种实践感，是从事帮扶性工作的一种源动力。如果社工缺乏对服务对象的同理、缺乏要为之行动的冲动，那么社工的专业助人工作是难以持续的。

第三，社会工作的实践性还表现为社会工作的知识源于不断实践的过程。社会工作是面向人的服务，聚焦于人与社会的关系，而人是具有能动性的，因此社工在提供服务时，需要根据服务对象的能动变化而不断调整自身的介入策略。这个调整策略自身和适应对象的过程反映出社工在践行马克思主义实践观所阐述的人类自觉自我的一切行为的观念，从中提炼并形成属于自己的知识。人们在能动地探索和改造现实世界的一切社会性客观物质的过程中，形成对客体的意识和认识；反过来，这种意识和认识进一步作用于实践活动，如此循环往复，推动人类实践和认识不断发展。毛泽东在其《实践论》中亦强调实践的主客观矛盾发展对认识及再实践的认识发展过程和由认识上升到理论的指导作用（毛泽东，1967）。社会工作的服务行动本质上是一种实践活动，通过在不同的情境中实践来形成对服务对象及其处境的认识，形成关于服务对象需求及如何处理的知识，然后指导下一步实践，认识与实践不断循环往复，检验认识，付诸实践，形成知识。

## 二 社会工作的反思性

为什么说社会工作具有反思性呢？我们可以从以下几个方面找到理由。

首先，从社会工作的专业起源来看，社会工作诞生于19世纪末的欧美。当时社会工作还处于前专业状态，是一些中产阶级教徒对城市社区贫困问题的悲悯反应，这些非专业出身的志愿者思考社会变迁与发展所带来的社会问题和身处其中的自己可以做些什么。这种内心反应或许是出于宗教信仰或个人道德完善，但当不断目睹赤贫、儿童缺乏照顾、青年滥用药物、无家可归、家庭暴力及少年犯罪等问题时，志愿者就不只是发慈悲或向主祈祷，而是持续、自发地参与扶贫、救济等行动，期望通过自己的行动带来一些改变。这种从无到有的发展，是社会工作对过去的审视、对现在的思考和对未来的展望，体现了社会工作对个人与历史的关系的反思以及社会工作应在历史发展中扮演什么角色的思考。同时，这种将自身置于社会情境中发起行动来改变社会现状和自己命运的做法，也体现了社会工作对个人与社会关系的反思，将个人命运与社会发展紧密联系在一起。由此可见，从历史和社会发展的视角来看，社会工作伴随着反思性而诞生。

其次，从社会工作的专业发展尤其是专业化发展来看，反思性显而易见。社会工作由最初的非专业、人们仅凭一腔热血去助人，到意识到运用专业手段才能更好地服务人群和解决社会问题，这种转变是对自身进行反省和思考的结果。专业化进程开启后，在短短不到百年时间内，社会工作的专业发展经历了几次重大思潮的转变，每一次都是对之前确立的专业理论和实务方法的批判，并建构出新模式。需要特别指出的是，这种思潮的转变不等同于某些解决问题的方法即所谓方法论的调整，而是本体论和人性观层面的转变。这几次思潮包括精神分析思潮、行为主义思潮、人本主义思潮、认知行为思潮、建构主义思潮、后现代主义思潮等。专业发展并不是静态替换的，而是新理念不断出现和分化、旧理念依旧存在或演变、新旧理念相互分化交融的过程。可以说，当前几乎没有哪一种理念不是在批判中发展，从而使整个专业发展呈现批判性、包容性和多元性。因此，从社会工作专业化发展的角度来讲，社会工作的反思性是无处不在的，这也说明社会工作坚持批判的、发展的和改革的信念，拒绝固化地或一成不变地重复没有意义的服务和行动。

最后，社会工作的反思性还表现为专业实践上的反思性实践。舍恩指出，专业人员的实际工作需要面对大量的不确定性、独特性和价值冲突，加之社会环境急剧变迁，专业本身也在不断变化，因此对专业人员来讲，知识的严谨性或普适性不再显得那么重要，相反，反思性实践即从行动中所知（knowing-in-action）和行动中反思（reflection-in-action）才是专业人员需要坚持的（陆德梅，2009）。舍恩认为，为了做到这一点，第一步是专业人员能够行动；第二步是专业人员能够在行动中进行思考；第三步是专业人员能够在行动中反思并进行思考，清晰地用语言文字表达出来；第四步是专业人员能够对行动的叙述进行反思。舍恩以建筑师的设计工作为例，完整地说明反思性实践的步骤：设计（designing）—对设计的描述（description of designing）—对设计描述的反思（reflection on description of designing）—对设计描述的反思的反思（reflection on reflection on description of designing）（陆德梅，2009）。作为专业人员，社工在其专业实践中同样践行着反思性。举个例子来讲，社会工作也许是最重视文书工作的专业之一，社工往往需要花比服务多两倍的时间在文书工作上，即每提供 1 小时服务，需要花费 2 小时用于服务记录和思考。为什么要投入那么多时间和精力在文书工作上呢？因为在专业实践过程中存在大量的默会知识，也就是说，社工能自发地、模糊地把工作做好，但是不能清楚地解释自己是怎样做到的，即舍恩所说的专业人员在动手实践过程中能体悟到模糊知识。而记录是一种将经验文本化的工具，通过刻意的文本化过程，对经验进行整理和叙述，逐点提炼出默会知识并加以分析，才能逐渐使默会知识去模糊化。因此，社工从事文书工作是一种将默会知识转化为能表述、能分享、能传授、能记忆的知识的过程，这个过程也是一种再思考过程，通过重现实践场景，反思自己当时的做法和想法，然后又将反思的内容整理记录下来，形成自己的知识，促进社工在专业实践中反复思考与学习。当社工做到这一步时，即进入了舍恩所讲的反思性实践的第三步。那么，社工又是如何体现进入了反思性实践的第四步呢？再举一个例子来讲，社工进入反思性实践的第四步可从督导设置上体现出来。除了文书工作这类的自我反思学习之外，社会工作有别于其他专业之处还在于每一名社工及每一个服务项目都要配备督导，而督导的主要作用就是支持社工成长和做好服务项目。一名称职的督导通常会观察社工的行动，聆听社工对其行动的叙述和社工的反思，然后从社工的反思中找到其认知上的盲点或误点，进而对其进行提点和鼓励。这种督导，恰好促进社工对叙述反思的反思，对应的是反思性实践的第四步。当然，社工也可在第四步进行自我的反思，不一定借助督导的提点，但社会工作重视督导，也在一定程度上反映出它十分强调专业实践的反思性。

## 三　行动研究：迈向社会工作的实践性和反思性

行动研究不是一种新的取向，早在 20 世纪初就由勒温提出及倡导，后来逐渐被运用于教育学、社会工作、心理学等学科。近年来，行动研究受到实践取向的学科和关注亲身参与及行动的学者重视。通过对有关行动研究的界定的讨论，笔者将分析为什么行动研究能迈向社会工作的实践性和反思性。自勒温将行动研究视为一种问题解决策略的目的、方法和步骤后，人们对行动研究的基本认识是：那是一种自下而上的研究方法，强调从实务工作者的立场和需要出发，对实务工作者自身所处的工作情境与内涵进行反省，并结合研究的过程与步骤，找出解决或改变实务工作的问题和困境的方案与行动策略（范明林，2015）。但是，这个定义把行动研究简单地理解为研究行动的理论和方法，割裂了研究与行动的关系，未能理解两者相互结合的关系：在行动中研究，在研究中行动。古学斌明确地指出行动研究有别于传统的行动或研究，因为它强调"行动亦研究"、"研究亦行动"，研究（者）与行动（者）两者合二为一（古学斌，2013）。陶蕃瀛也认为每个人都是在某个社会位置的角色与情境下行动，这种行动算不算行动研究，视行动者是否自主、有意识地从自身所处的真实的社会位置进行观察、搜集资料和分析（陶蕃瀛，2004）。也就是说，每个实务工作者（社工）未必是研究者，但一定是行动者。只要行动者对自我、自我所处的社会位置、情境、社会经济政治结构，对自己在某一社会情境下的行动或实践以及其对自己的行动和实践所产生的影响进行自主研究，那么这种行动（者）或研究（者）就是行动研究（者）（古学斌，2013）。因此，行动研究不只是一种研究方法，它首先是两种行动：行动自然是行动，研究亦是一种行动。研究的目的是为了更好地行动，研究者是在其专业角色的社会实践中进行研究，是为了改进实务工作和更有效地完成专业实践而做研究，而不是为了研究投身于观察其他行动者的社会实践（陶蕃瀛，2004）。这与社工的助人自助在本质上有共通之处，不是为了通过助人来彰显自己的助人能力和资源，而是为了通过行动来达致人的自助和获得更高的生活质量。从这个角度讲，行动研究的真谛应是"行动"二字。社会工作有其强烈的价值理念，社会工作的行动研究本身就是一种社会实践，通过研究的过程，探究介入和改变的方法，从而改变现有的社会制度和系统、摆脱社会压迫、消除社会不平等、实现公平正义的社会理想（夏林清，1993；古学斌，2015）。行动研究是同步进行的行动和研究，在行动之时通过系统地收集证据和开展试验，来研究如何提升行动的质量，然后更好地开展行动，如此循环往复。

　　同样的道理，社会工作者作为实务工作者开展的服务，是一种运用所掌握的技能直接服务于人群及社区的行动。要开展行动研究，就需要社工在推进服务的过程中，不断检视服务质量和服务方法的有效性，及时调整服务计划，满足服务对象及社区的需求。刚开始行动时，社工对服务对象及社区的认识，来自书本和自身零碎的过往经验，这些知识和经验与真实情境中的服务对象及社区可能存在差异，甚至相去甚远。如果仅凭这些知识和经验，就确认服务对象及社区的需求，然后自上而下地去策划及推进服务，服务效果可能适得其反。但通过开展需求评估调查，结合知识和实际情境，社工去设计能回应现实需求的服务方案，并且在开展服务的同时，继续观察需求的变化，分析服务是否回应了需求，是否需要调整，系统而动态地掌握服务介入过程和结果，持续改进服务。这种从输送服务到分析服务再到提升服务的飞跃，就是通过行动研究来达致社会工作的实践性，既是服务技能的实践，也是回应不断变化的复杂情境而调整相应策略、产生新的知识的实践。由此可见，通过行动研究，社工在实践服务的同时成为研究者，时刻将研究所得付诸实践，有利于迈向社会工作的实践性。

　　行动研究还有利于迈向社会工作的反思性。行动研究始于实践中的问题，问题的阶段性解决是行动研究阶段性的终点。从这个角度讲，行动研究就是问题解决的学习（problem-resolving learning）和基于问题的学习（problem-based learning）。但这种学习不等同于被动地接受知识，听取别人带着知识话语的霸权告诉我们什么是真理、什么是科学；相反，它是一种合作学习（cooperative learning），主张利用现有的身边的资源来更深刻地认识问题，强调民主、平等和参与，主张行动者（学习者）相互之间平等地对话、交流和沟通，互为资源、互为条件，共同学习、共同进步，从而更好地行动。由知识的学习方式可见，行动研究反对研究者以高高在上的专家姿态从事研究工作，反对将研究者和被研究者分离、在知识生产主体与客体间划界限的做法；相反，行动研究强调民众的参与，民众与研究者共同学习、共同创造、获取知识。正是行动研究者的这种放低姿态的共同学习，能帮助行动研究者：①提升对自身行动中隐而未显的理论觉知程度，即自我觉察和了解隐藏在自身行动背后有指导作用的理论；②对自身行动所处的社会环境与社会权力结构情境有更清楚的了解；③更深入地分析自身行动与社会环境、社会权力结构之间的交互影响（陶蕃瀛，2004）。

　　上述行动研究过程的特质，恰好有助于社会工作迈向反思性。社工关注服务对象及社区的问题，身心受到触动，联系自身反思能否改变现状，并尝试开展一些服务来帮助服务对象及改变社区。此时，经过传统专业训练的社工会下意识地运用自我来帮助服务对象。这种自我的运用在一定程度上能促进社工基于自身立场，自上而下地推动服务方案的实施。然而这种做法可能不能满足服务对象的本质需求，无法改变服务对象的处境，甚至助长服务对象作为受助者的依赖性并弱化他们的能力。社工只有认识到服务对象也许是最了解自身情况的人，认识到需要与服务对象一起学习和行动，才能改变共同的命运并创造改变命运的知识。如此，社工就会扎根社区，社工与服务对象在一起，并以服务对象的角度来感同身受他们的处境。这样，社工才能认识到任何个体的问题不是简单地源于个体，个体问题的解决也不等于根治问题，更不会有助于其他个体问题的解决。社工只有平等地与服务对象共同感受问题、共同学习如何应对问题和共同发起应对的行动，才能观察到在服务对象的社会位置上，个体与个体之间、个体与社区之间的联系，并逐渐觉察到社会发展变化给个体带来的困扰，进而深刻地批判思考社会结构性因素对个体前途命运的影响。有了这些认识后，社工才会进一步认识到仅凭一己之力难以应对复杂的社会环境和多样的社会发展变化，只有与服务对象一起集思广益，共同建构新的理论、模式和方法，并在行动中持续分析自身行动与社会环境、社会权力结构之间的交互影响，不断地创造和调整新的行动知识，才能逐步缓解社会问题。因为是行动研究，所以社工需要将整个行动过程以文本化的方式记录下来，通过反复检查修改，形成行动研究成果。这个过程又促进了社工的反思性实践，即将默会知识转变为可表述的知识，逐渐形成能够分享和传播的新的行动知识。

综上所述，行动研究不仅仅是研究，更是行动，其价值和使命，在一定程度上与社会工作相通，都是倡导以平等、民主、参与的方式来改变造成不公平、不平等等社会问题的社会制度和系统。因此，通过行动研究，社会工作能逐渐迈向其实践性和反思性。那么，社工应如何开展行动研究呢？

## 四 社会工作实践成为行动研究

行动研究的内容与步骤和社会工作的实践有相似之处，都讲究实践、探索、反思、学习。社会工作服务通常由五个阶段组成：需求评估、制订服务计划、执行计划、服务评估、服务总结与反思。同样，行动研究也分为五个阶段：问题的界定与分析、行动计划的制订、行动计划的推行、对问题的再评估、总结经验和学习（Gerald，1983）。根据前文的分析，我们可以基于行动研究取向把社会工作实践看成一种行动研究。所谓需求评估等同于问题的界定与分析，制订服务计划等同于行动计划的制订，执行计划等同于行动计划的推行，服务评估即对问题的再评估，服务总结与反思即总结经验和学习，为下一阶段进行的服务实践提供理论参考。

一般而言，阶段性工作都有一个特征：阶段与阶段之间紧密相连、环环相扣。行动研究除了具备阶段性特征外，还特别强调循环性和周期性，每五个阶段为一个行动研究的周期，周期内最后一个阶段（即总结经验和学习）不仅反思本周期内各个阶段的行动过程与结果，也为下一个周期的行动研究奠定基础、提供经验。同时，分析、行动、研究、评估、反思、再分析、再行动、再研究……形成了一个不断循环往复的行动研究螺旋，推进行动研究不断上升、深化发展。社会工作实践成为行动研究之后，也将具有行动研究的特性。以下将简单描述成为行动研究的社会工作实践在各阶段的主要工作内容。

## （一）第一阶段：问题的界定与分析

作为社会工作实践或行动研究的第一阶段，最主要的工作就是了解服务对象的情况及其社会处境，分析他们的问题和需求，辨识社区共享的议题、讨论提出的议题。这是工作的起点，同时也是最关键的一步。因为一旦问题界定和需求评估出现差错，后面据此而制订的服务计划就会没用甚至可能"好心办坏事"。缺乏行动研究理念的社工在开展第一阶段的工作时，倾向于运用问卷调查的方法来进行需求评估。但是，这种做法可能存在的问题是：问卷往往由社工设计，调查什么、怎样调查等基本由社工操控。可是，纵然社工扮演专家角色，服务对象的问题及需求并不是一纸问卷所能概括与呈现的，他们所处的困境、所做的挣扎也不是通过简单的问与答所能描绘和分析的（属于研究的效度问题），更不用说问卷设置的问题与选项是否容易被服务对象理解、服务对象是否愿意回答（属于研究的信度问题）。因此，就算要运用问卷调查的方法，社工也必须科学谨慎地选择效度及信度更高的做法，譬如由服务对象参与设计问卷、进行预调查等。缺乏行动研究理念的社工所做的需求评估往往是一次性的（更不用说有的社工不做需求评估，直接将其他地方的经验照搬过来）。譬如，通过一次需求评估活动掌握了服务对象的问题及需求之后，就照此制定年度的服务目标、服务内容等，然后就像接受了指令的电脑一样运行。要知道，刚开始进入一个服务场域时，对服务对象的了解是不够深入和清晰的，随着服务的开展、接触次数的增多，对服务对象需求的把握才会更加到位，而且服务对象的问题与需求也是不断变化的。因此，问题的界定与分析，应贯穿于整个实践的过程。采取行动研究，就是让社工在服务时不断加深认识并进行反思。采取行动研究者的社工，在问题的界定与分析上，应避免先入为主，而应该营造一种民主的氛围，与服务对象建立合作伙伴的关系，使服务对象主动发声，让服务对象表述他们自己处于什么样的状态、遭遇了什么问题、关心什么，然后共同辨识出需求是什么。在这个过程中，采用口述史、访谈、焦点小组等方法是较为适合的，因为这些方法可以使服务对象更自由地表达。社工要扮演协作者的角色，辅助服务对象把他们的经验和感受表达出来、记录下来，通过分类整理，再与服务对象共同分析。经过一段时间之后，社工需要对问题进行再评估（即第四阶段），以保证行动是准确地迈向问题解决的。

### （二）第二阶段：行动计划的制订

了解了服务对象的问题和需求后，社工需要制订介入的行动计划，决定共同行动的方向、生产共同关注的知识、分享知识并讨论行动的程序。社工往往有自己的一整套问题解决模式，或者有自己的一些介入理念和视角。譬如，有的社工团队主要由心理咨询师组成，可能会倾向于以心理访谈等方式来提供服务；又如，社工机构的督导是某一社工流派如社区为本的信徒，可能会在机构里推行这一流派的做法。其实，无论哪一种模式和介入计划，都只是一种假设，假设按照这种模式和介入计划行动，能达到服务对象问题解决或需求满足的目标。当某一模式和介入计划被采纳并最终达到既定目标后，就可以说通过行动研究，验证了之前的社工理论。如果未能达到既定目标，则可以说通过行动研究，发展了之前的社工理论（可能是发现了理论的某些限制）。但假设往往只是理论上的假设，实际上，在第二阶段，社工只是选择了一个模式和介入计划的方向，然后在后面的行动中，因应服务情境的变化，灵活地在这个模式和行动计划的框架里增加或减少内容，这样，无论最终是否达到既定目标，都丰富及发展了最初的理论假设。

### （三）第三阶段：行动计划的推行

这个阶段就是在理论模式和行动计划的框架内探讨具体的介入方法与策略，推动有共识的行动。目前，在社工机构中流行一种也许并不太好的做法——以个案、小组和社区三大方法来划分行动计划。不管服务对象是谁、有什么特征、问题及需求是什么，服务内容都是个案层面的服务、小组层面的服务和社区层面的服务，并且各种服务之间缺乏关联，割裂地强调透过三大方法就可以解决社会问题、恢复社会功能和维护社会稳定（张和清，2011）。开展个案服务，是因为一些服务对象的问题独特，只能个别化处理；开展小组服务，是因为一些服务对象的问题有共性，可以通过组员的协作与合力来解决；开展社区服务，是因为一些服务对象的问题与整个社区环境有关系，需要促进社区发展与改变才能解决。三大方法应是实现服务目标的手段，而不应作为服务内容。通常，个人的生活经历往往与社会环境有关联，因此，个案服务、小组服务与社区服务是整合的、相关联的。譬如在个案服务中发现个案的有些需求与其他人相似，便可开展小组服务；又如，在个案或小组服务中发现某些需求是社区性的，便可以发起社区行动。总而言之，行动计划的推行要有全局观并注重各种介入方法、策略之间的关联性，充分发挥不同方法的优势，形成更大的合力。

### （四）第四阶段：对问题的再评估

经历了前三个阶段的行动后，我们到了检视行动结果的阶段，也就是说，要评估服务对象的问题是否得到解决、解决的程度怎样，或既定的目标是否达成、达成的程度如何以及原来评估的问题是否发生了变化、是否有新的问题产生。到了这个阶段，社工通过行动研究，观察、分析与评估实践所带来的改变和影响。

### （五）第五阶段：总结经验和学习

在行动研究的最后阶段，我们需要对一个周期内的社会工作实践经验进行总结和学习。我们需要反思所采取的行动模式的有效性、模式背后的价值与理念对行动的影响，总结我们运用了哪些方法与技巧，分别发挥了哪些作用、产生了怎样的效应，从这些经验中提炼出我们的理论（理论的运用以及理论的发展），并且在整体上形成我们对本周期实践工作的理念与看法。经过总结经验和学习，我们还需要为下一阶段的行动积累有用的知识，哪些理念与看法需要秉持或改变、哪些理论和模式需要坚持或调整、哪些方法与技巧可以继续运用或修改等。

**参考文献**

范明林，2015，《行动研究：社区青少年社会工作的服务改善》，《浙江工商大学学报》第 4 期。

古学斌，2013，《行动研究与社会工作的介入》，载王思斌主编《中国社会工作研究》（第十辑），社会科学文献出版社。

古学斌，2015，《为何做社会工作实践研究？》，《浙江工商大学学报》第 4 期。

雷杰，2014，《肤浅和夸大：论大陆社会工作"专业化"和"去专业化"之争》，载李昺伟主编《专业的良心——转型时代中国社会工作的守望》，社会科学文献出版社。

陆德梅，2009，《"反思型执业者"的培养——唐纳德·舍恩的"反思性实践"理论及其对专业学位教育的影响》，《复旦教育论坛》第 6 期。

毛泽东，1967，《毛泽东选集》第一卷，人民出版社。

陶蕃瀛，2004，《行动研究：一种增强权能的助人工作方法》，《应用心理研究》第 23 期。

夏林清，1993，《由实务取向到社会实践》，台北：张老师出版社。

夏学銮，2000，《社会工作的三维性质》，《北京大学学报》（哲学社会科学版）第 1 期。

张和清，2011，《社会转型与社区为本的社会工作》，《思想战线》第 4 期。

张和清，2015，《知行合一：社会工作行动研究的历程》，《浙江工商大学学报》第 4 期。

Gerald I. Susman. 1983. *Action Research: A Sociotechnical Systems Perspective.* London: Sage Publications.

# 社会工作服务项目的方案设计与评估：项目发展的逻辑模式

## ——与"大爱之行"项目实践的对话

郭思源[*]

**摘　要：**项目发展的逻辑模式是项目管理中成熟的模型之一。本文主要透过与"大爱之行"项目实践的对话，分析项目发展的逻辑模式在实践中的要点，并探讨其在中国本土实践的情况。本文的第一部分主要介绍了项目发展的逻辑模式（PDLM）的起源及意义；第二部分主要讨论了 PDLM 在实践中如何设定项目的成效这一 PDLM 的核心部分；第三部分主要对 PDLM 在项目管理中的整体逻辑框架和思路进行了介绍；在第四部分，笔者根据"大爱之行"项目的实践探讨了 PDLM 在实践中的成效、不足及未来展望。

**关键词：**项目管理　逻辑模式　成效　本土化

在国家提倡创新社会治理这一理念的背景下，政府通过购买社工服务的形式将部分提供社会福利服务的职能让渡给民间的社会组织，为社会组织提供大量的服务项目和资金支持。与此同时，越来越多的民间资本也开始注入社会服务及公益事业当中。"大爱之行——全国贫困人群社工服务及能力建设"项目（以下简称"大爱之行"项目）是由民政部和李嘉诚基金会合作推行的社会工作发展项目。以该项目为例，李嘉诚基金会捐款 2000 万元用于资助社会工作专业服务、社会工作专业人才培训以及政策研究与

---

[*]　郭思源，仲恺农业工程学院人文与社会科学学院社会工作与社会政策系教师，中山大学社会工作教育与研究中心特约研究人员，国家中级社会工作师；研究方向：社会工作实务、青少年儿童社会工作、社会工作项目管理。

倡导，各地财政以政府购买服务的方式配套资金达 1855 万元。当政府和民间基金会投入大量资金支持社会工作开展项目的时候，我们必然要面对的问题就是：如何使这些投入的资金能够得到有效的利用？社会服务和社会工作项目的开展取得了哪些成效？

项目发展的逻辑模式（Program Development Logic Models，简称 PDLM）是贯穿社会服务项目设计、实施和评估的全过程，并强调项目的资源投放与成效间逻辑关系的项目管理模式。它不仅为项目管理者提供了可视化的图像和清晰的逻辑框架，也为项目工作人员、资助方和利益相关者提供了沟通的桥梁。

"大爱之行"项目自 2014 年 7 月开始实施，已经在全国 29 个省区市共计 110 个社会工作服务机构中针对不同的服务对象群体开展了 110 个社会工作服务项目。同时，"大爱之行"项目办和项目督导亦为各项目管理者提供了 PDLM 专项培训，并尝试推动各项目管理者在项目运营中使用 PDLM 模式，这也为我们在此讨论 PDLM 在中国本土的应用情况提供了条件。

## 一 为什么使用 PDLM 进行项目管理

项目发展的逻辑模式可追溯至 20 世纪 70 年代。1976 年，Bennet 在《七个层次的证据》（*The Seven Levels of Evidence*）一书中提出的合作扩展圈（Cooperative Extension Circles）是现今逻辑模式的雏形。而"逻辑模式"（the Logic Model）这个词最早出现在 Joseph S. Wholey 于 1979 年所著的《评估：承诺与绩效》（*Evaluation：Promise and Performance*）一书中。本文所讨论的项目发展的逻辑模式是由美国威斯康星大学的学者在借鉴众多前人的经验研究基础上于 1995 年提出的。如今，威斯康星大学已经开发出完备的课程、教材，并为美国众多非营利组织和管理者提供培训。

在 20 世纪 70 年代，评估专家们（如 Bennet、Wholey 等）为使项目的目标和成效能够更加清晰与可评估而制定了一系列评估指标并发展出一系列技术。这在推动逻辑模式的发展中起到了重要的作用，所以逻辑模式有时也被称作"评估的框架"。中国学者陈锦棠（2008）亦指出逻辑模式是在美国回应资源问责的时代背景下提出来的。当然，笔者认为逻辑模式不仅可被用于项目评估中，在指导项目的设计和项目的实施过程中也能发挥重要的作用。

项目发展的逻辑模式（PDLM）一共包括四大部分（共八个环节）：处境分析（Situational Analysis）、优先处理的问题（Priority Setting Problems）、逻辑模式（the Logic Model）以及评估（Evaluation）。而逻辑模式部分又可细分为资源投入（Inputs）、产出（Outputs）、成效（Outcomes-Impact）、假设/理论基础（Assumptions）、外在环境因素（External Factors）。完整的结构如图 1 所示。

如今，政府购买或基金会资助的社会工作服务项目一般都会经过需求评估、提交项目申请书或标书、服务开展和评估等阶段。因此，作为社工的我们或许会问：

> 即使不使用逻辑模式，每个项目在开展之初都需要进行需求评估，然后再结合理论来设计项目，最后进行评估。那么使用或不使用逻辑模式对项目运作有什么不同的影响？（研究人员田野笔记）

同时，"大爱之行"项目对全国 110 个项目的项目管理者进行了项目发展的逻辑模式的专题培训，并希望将项目发展的逻辑模式加以推广以协助他们进行项目管理。但是，可能不少项目管理者一方面理解项目发展的逻辑模式为项目管理提供了系统的思路，而另一方面却又面对如何操作化和将项目发展的逻辑模式应用于实际服务过程中的问题。这大概会带来一些直观的问题，包括：

> 我会确切知道我们做了一些事情，就是模式里面的一些事情。但是我们不明白的就是：首先除了系统的框架的作用，它还有什么其他的作用？怎么样更实际地去指导我们推动项目？感觉总是差那么一点，有一种纸上谈兵的感觉。

> 我理解逻辑模式要表达什么意思，感觉也不是很深奥，也不是太难理解。但是具体如何指导我们的工作、实际操作如何、如何跟其他同事来讲这个东西，这方面可能比较欠缺一些。

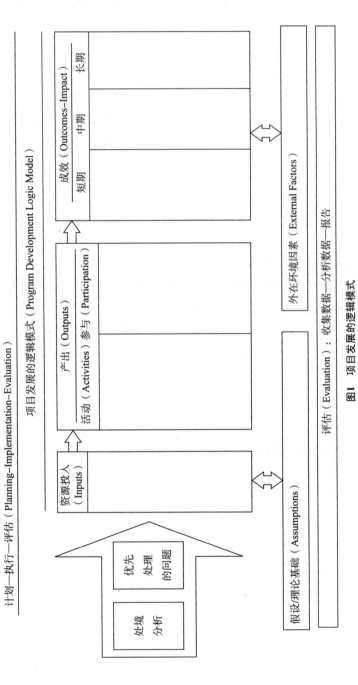

计划—执行—评估（Planning–Implementation–Evaluation）

项目发展的逻辑模式（Program Development Logic Model）

成效（Outcomes–Impact）　长期　中期　短期

产出（Outputs）　活动（Activities）参与（Participation）

资源投入（Inputs）

优先处理的问题

处境分析

假设/理论基础（Assumptions）

外在环境因素（External Factors）

评估（Evaluation）：收集数据—分析数据—报告

**图1　项目发展的逻辑模式**

资料来源：UW Cooperative Extension · Program Development & Evaluation（http://www.uwex.edu/ces/pdande）。

因此，本文主要探讨项目发展的逻辑模式是什么，以及它如何帮助我们更加有效地进行项目管理。我们期望透过这篇文章与"大爱之行"项目管理者、实务工作者一道就项目发展的逻辑模式进行理论对话，能够在实践中探寻项目发展的逻辑模式的具体操作方法。

## 二 设定项目成效：PDLM 的核心部分

### 1. 对话一：混淆产出与成效

我们在设定目标与成效的时候，往往容易混淆产出和成效这两个概念，将产出误以为成效。例如，针对"大爱之行"项目"贫困人群自助/互助能力提升情况"的成效指标，不少项目组将其定为"开展 20 次小组活动，200～300 人次参与"[①]、"成立 2 个以上自治性互助小组"[②]。但是，社工即使开展了 20 次小组活动或成立了 2 个以上自治性互助小组，也不能完全说明贫困人群的自助/互助能力得到了提升。因此，这些指标是产出而非成效。同时，假设社区中长者有照料的需求，社工筹建了两支社区照顾服务团队，这两支社区照顾服务团队属于产出。这些产出指标有助于达致项目成效，但并不能证明该社区中长者的照料水平得到了提升。

所谓产出是指为达致项目成效，向服务对象提供的活动或服务。而成效则是指活动和服务给个人、家庭、小组、社区带来的益处。现试举一例，见表1。

表 1　产出 - 成效举例

| 产出 - 活动 | 成效 |
| --- | --- |
| 项目为社区志愿者提供培训 | 社区志愿者掌握服务边缘青少年的知识和技巧 |
| 社工邀请专家为低收入家庭开展一次理财知识讲座 | 参加讲座的低收入家庭掌握理财知识，并能够更好地进行理财 |
| 社工为 50 名高中生提供为期 5 天的青少年领袖训练营 | 50 名高中生在训练营中学习到新的领导、沟通技巧 |

① "长期病患与晚期癌症病患者社区照顾试点项目"任务书。
② "'阳光导航'计划武汉市不良行为青少年矫正服务项目"任务书。

"产出"回应"我们做了什么"的问题，而"成效"则回应"我们所做的给服务对象带来怎样的益处、成效与不同"的问题。例如，在皖西南大别山区偏远特困村（石盆）生计发展社工服务项目中，将"服务对象服务目标达成度"这一成效指标设定为"发展茶叶经济，提高村民收入水平（项目结束后，村民平均收入水平达到岳西县平均水平）"，这就是一个衡量项目给当地村民带来收入变化的成效。

项目发展的逻辑模式还具体指出了产出与成效所对应的组成部分（见表2），这给我们设定项目的产出和成效指标提供了更加清晰的指引，项目管理者可在设定项目产出和成效指标时参考。

### 表 2  产出与成效的组成部分

| 产出 | | 成效 | | |
|---|---|---|---|---|
| 活动 | 参与 | 短期 | 中期 | 长期 |
| 我们做了什么（What we do） | 涉及哪些服务对象（Who we reach） | 短期成效（What the short term results are） | 中期成效（What the medium term results are） | 长期成效[What the ultimate term impact(s) are] |
| 举办工作坊<br>提供服务<br>辅导<br>调查<br>街展<br>活动<br>讲座<br>训练<br>宣传<br>倡导工作 | 参加者<br>市民<br>机构/社会团体<br>政府部门<br><br>满意度 | 学习<br><br>认知<br>知识<br>态度<br>技巧<br>意见<br>渴求<br>动机 | 行动<br><br>行为<br>实践<br>政策<br>社会行动 | 状况改变<br><br>社会性<br>经济性<br>公民性<br>环境性 |

### 2. 对话二：只有长期成效，缺乏短期、中期成效

在实际撰写项目计划书和设定成效时，我们倾向于设定长期成效，但往往缺乏短期、中期成效。例如，"情暖新厦门人"城市融入与社会参与社工服务示范项目[①]设定了以下长期成效：流动人口利用和使用社区公共空间与设施的能力增强，对与城市外来人口相关的计生、子女就学、就业、居住等法律政策的知晓率提高并能运用法律政策维护其合法权益。但如果我

---

① "'情暖新厦门人'城市融入与社会参与社工服务示范项目"任务书。

们只设定长期成效，而缺乏切实可行的短期和中期成效，则项目的设想往往也难以实现。那么，我们如何进一步设定对应的短期和中期成效？同时，如何开展相应的活动和服务来达致以上成效？

项目发展的逻辑模式的成效分为短期、中期和长期成效。例如，"青少年学习到领导、沟通技巧"是短期成效，学习也是短期成效。我们的假设是知识的学习和认知的改变是行为改变与行动发生的前提。而"青少年运用新的领导和沟通技巧于活动中"则属于中期成效。它反映了青少年不仅学习到了新的技巧，而且将其运用到实际工作当中。但是，此时我们仍然不知道具体运用这些技巧会给团队合作带来哪些改变。最后，"青少年在团队合作中的冲突次数减少"则是长期成效，它反映了服务对象真实的改变。上述示例说明了一次夏令营活动给青少年领导力的提升带来的成效，包括青少年学习到新的技巧、将技巧应用到实际工作中及给实际工作带来的益处。项目发展的逻辑模式不仅能应用于个人教育和发展性活动，也可以应用于团体、社区、机构和项目当中。

我们可以运用项目发展的逻辑模式为上述"情暖新厦门人"城市融入与社会参与社工服务示范项目设定短期、中期成效。其短期成效可以是流动人口及其家庭了解社区公共空间和设施的分布情况、掌握相关法律政策知识。社工可以根据这一短期成效设计社区地图绘制、举办法律知识讲座等相关服务活动。该项目的中期成效可以是利用公共空间和设施的流动人口数量增加，流动人口在个人生育、子女入学事务中运用法律知识。社工可针对流动人口在利用公共空间和设施、运用法律知识处理个人事务的过程中遇到的问题提供相应的服务。

总的来说，短期成效是指参加者能掌握有关的知识、态度和技巧，并引发他们对某议题的觉醒和关注，以增加他们对某议题的关注动机并满足其期望；中期成效是指参加者能就有关议题做出具体行动或行为的改变；而长期成效则是指参加者持续实践所学习到的，并持之以恒，所带来的整体转变和深远的影响（陈锦棠，2008）。此外，在设定短期、中期和长期成效的时候，我们还需注意三者是有逻辑关系、环环相扣的，短期、中期成效的实现是长期成效实现的基础。

### 3. 对话三：服务对象满意不代表有成效

在活动成效指标、活动成效评估和项目末期评估中，我们通常会设置一个评估指标——"服务对象满意度"。在调研中，当问及项目管理者如何评估项目的成效时，会得到"主要看服务对象的满意度"的回答。在评估中，我们通常会问服务对象："你觉得这个活动如何啊？"而答案往往是"这个活动很好啊，社工都很热情"、"在这个活动中我感到很开心"。如果服务对象参加活动感到开心、对服务感到满意，说明服务对象在接受服务过程中有很高的参与度。服务对象满意也是达致服务成效的重要前提条件，但这并不代表成效。因为服务对象可能是对社工的工作表现、活动的地址、时间安排等感到满意，但这并不代表服务对象从中学习到新的知识或技能，更不代表服务对象从中受益及个人状况发生改变。

### 4. 对话四：从服务对象的角度设定成效

在"大爱之行"众多项目任务书中，我们惊讶地发现不少项目管理者习惯于从社工和项目管理者的角度设定成效，而项目设定的成效很少能反映服务对象的改变和受益情况。例如，以支持小组的方式[①]为晚期癌症患者的照顾者提供减压、放松服务；通过探访、陪伴、举办"生命律动"活动等方式为患者家属提供哀伤辅导；建立由社工主导的，包括社工关怀、家人关怀、志愿者关怀、邻里关怀在内的关怀服务体系……这些成效均从社工的角度出发设定。若我们尝试诠释这些成效的内容，那么我们能够想象到的是社工组织开展了若干小组活动、为服务对象提供辅导服务以及建立了关怀服务体系。但是，我们仍难以看到服务对象的影子，也无法想象服务对象接受这些服务后究竟有哪些改变。

项目发展的逻辑模式强调从服务对象的角度出发，从服务对象学习、行动和状况改变的角度出发，为项目设定短期、中期和长期成效。例如，若晚期癌症患者压力较大而有舒缓压力的需要，我们设定的成效可以是晚期癌症患者学习到自我舒缓压力的方法，并能够运用所学的方法降低个人的压力水平。若癌症患者去世、家属难以处理悲伤的情绪，那么我们设定的成效可以是家属能够释放悲伤的情绪，以正向的心态重新面对生活。若

---

① "长期病患与晚期癌症病患者社区照顾试点项目"任务书。

社区长者缺乏照顾，那么我们设定的成效可以是社区中的长者获得照顾服务、生活质量得到提升。

### 5. 对话五：设定成效的操作框架

透过上述对话，我们已经针对设定成效过程中的一些误区进行了讨论。在此，我们也提供一个设定成效的操作框架供读者参考。首先，在设定成效前，我们需要考虑项目中有哪些利益相关者会参与成效的设定。这些利益相关者可能包括社工、服务对象、其他相关人士（如资助方）等。我们在此整理了不同利益相关者参与成效设定时可能考虑的问题清单供项目管理者参考。

表3　不同利益相关者参与成效设定时考虑的问题清单

| 社工 | 服务对象 | 其他相关人士 |
|---|---|---|
| 1. 我们想透过项目给服务对象/群体/社区带来什么变化？<br>2. 社工能做什么？<br>3. 我们所持守的价值是什么？<br>4. 我们希望给服务对象带来什么益处和改变？ | 1. 服务对象为什么会来？<br>2. 他们希望发生什么？<br>3. 他们期望获得什么？ | 1. 资助方的期望是什么？<br>2. 同类项目的经验有哪些？<br>3. 服务对象正在获得哪些服务？ |

其次，在设定成效时应该考虑其是否：①

（1）重要的（Important）。最终的成效是否重要？这些成效所带来的改变是服务对象和资助方看重的吗？谁会在意项目的成效？

（2）合理的（Reasonable）。成效间是否相关联？其中一个成效的达成是否有助于其他成效的达成？

（3）现实可行的（Realistic）。所设定的成效基于现有的资源、社工的能力、有限的时间是否可行？

（4）潜在的负面因素（Potentially negative factors）。在项目执行过程中我们可以预料到的阻力和负面因素有哪些？可能有哪些意料之外的事情发生？

最后，我们提供一个成效表述的格式，供设定成效时参考。

---

① 项目管理者可使用表4的成效设定检视清单。

| 时限（By when） | 谁/什么<br>（Who/What） | 改变/期望的效果<br>（Change） | 什么（In what） |
|---|---|---|---|

例如：

| 在夏令营结束时 | 青少年 | 提升了 | 他们的沟通能力 |
|---|---|---|---|
| 在项目开展三个月后 | 接受服务的流动人口 | 增加了 | 使用公共设施的次数 |
| 在项目开展一年内 | 社区中40%的独居长者 | 获得了 | 居家养老服务 |

　　设定成效对我们设计项目、撰写项目计划书、评估项目具有重要意义。好的成效有助于我们更清晰地看到项目的发展方向以及评估项目。在此，项目发展的逻辑模式亦为我们设定好的成效提供了具体的检视清单（见表4）。

**表4　成效设定检视清单**

项目：_____

| 成效 | 重要的？<br>这些成效所带来的改变是服务对象和资助方看重的吗？ | 合理的？<br>成效间是否有逻辑关系？与项目活动是否关联？ | 现实可行的？<br>基于现有的资源和人力是否可达致成效？ | 潜在的负面因素？<br>可能有哪些意料之外的事情发生？ |
|---|---|---|---|---|
| 1. | | | | |
| 2. | | | | |
| 3. | | | | |
| 4. | | | | |
| …… | | | | |

　　资料来源：UW Cooperative Extension · Program Development & Evaluation（http://www. uwex. edu/ces/pdande/）。

# 三 如何绘制项目发展的逻辑模式图

在对"大爱之行"项目进行调研的过程中我们发现，除了项目成效设定的问题外，还有一个突出的问题就是项目的各个环节之间缺乏逻辑性。通过"大爱之行"项目的培训，项目管理者对项目发展的逻辑模式有了初步认识，但只是朦胧的认识。同时，不同的项目管理者对项目发展的逻辑模式的认识深度和实践能力也各不相同。而从比较项目任务书和项目实际推行的情况来看，我们发现主要有两个问题：一是计划书中设定的项目产出和成效，在现有的资源、社工能力、有限的时间条件下无法完成；二是活动与项目成效间、活动与活动之间缺乏逻辑性。在此，我们继续探讨项目管理者如何运用项目发展的逻辑模式策划一个具有逻辑性的项目。

**6. 对话六：绘制项目发展的逻辑模式图的思路**

要绘制项目发展的逻辑模式图，我们首先要为它找到一个起点。而进行项目的方案设计可以以成效或资源作为起点。若从成效出发，按照项目发展的逻辑模式，一般可以逆向进行项目方案设计，见图2。

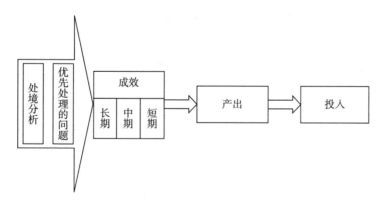

**图2 从成效出发的项目发展的逻辑模式图**

在进行处境分析并选择优先处理的问题后，便可设定项目最终想达致的成效和产生的影响（长期成效）。然后，我们继续思考：若要达致长期成效，我们需要在项目的中期达致什么成效？如果要达致中期成效，那么我们在短期内需要达致怎样的成效？若要达致短期成效，谁是我们的目标人群？我们要针对哪些服务对象开展服务？需要开展哪些活动和工作以帮助我们达致所设定的成效？要开展这些活动和工作需要多少资源和人力？……针对以上问题，我们就可以根据项目发展的逻辑模式的成效开始逆向倒推项目方案中的各个环节了。

当然，从成效出发，还可以有多种不同的绘制项目发展的逻辑模式图或方案设计的思路。例如，在设定成效之后，我们可能会想到可以开展哪些活动和工作，那么我们就可以先把我们想到的可以开展的活动和工作写出来；然后，再逐一将它们与成效进行对照，看看这些活动和工作与最终成效的关系是什么，活动与活动之间的关系是什么，哪些活动将会产生哪些成效，会给服务对象带来什么改变。

若从资源出发，我们将从所拥有的资源、时间和人力出发考虑项目的方案设计。在这个过程中，我们遵循"若……就"的逻辑关系，见图3。这样我们从现有的资源出发，来考虑我们可以开展哪些活动和工作。同时，我们进一步考虑：这些活动和工作可以给多少服务对象提供服务？能够提供怎样的服务？这些服务是否可以达致短期成效？如果达致短期成效会对中期成效有什么影响？若所有的中期成效完成了又会对服务对象、社区等产生怎样的影响？根据以上问题的逻辑，我们就可以一步步地从资源出发，为项目设定短期、中期和长期成效。

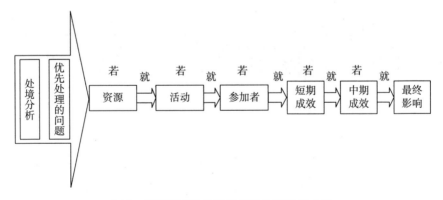

**图3 从资源出发的项目发展的逻辑模式图**

### 7. 对话七：PDLM 中的逻辑关系

从资源出发的项目发展的逻辑模式图（见图3）除了启示我们可以从资

源出发来设定成效外,还呈现了项目发展的逻辑模式中"若……就"的逻辑关系:若 X 就有 Y,若 Y 就有 Z。若将此逻辑关系与项目的投入、产出与成效放在一起,就能够帮助我们清晰地看到项目中各环节的逻辑关系(见图 4)。

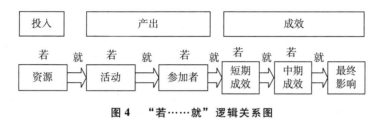

**图 4　"若……就"逻辑关系图**

以长者综合支援服务为例(见图 5),如果项目投入足够的资源、时间,就能搭建一个资源及转介平台。若有此资源及转介平台并能推介给长者,长者就能够知道自己可以获得哪些服务资源。若长者知道可获得哪些服务资源,长者就会使用他们所需的资源。若长者使用所需的服务资源,长者的需求就会得到满足。

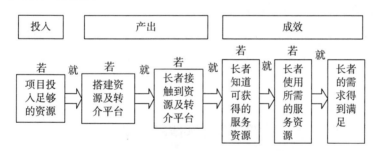

**图 5　以长者综合支援服务为例的项目发展的逻辑模式图**

"若……就"的逻辑关系可以帮助项目管理者在进行项目方案设计时思考项目各部分的逻辑关系,设定合理的项目成效。同时,它亦为项目管理者提供了一个检视清单。在完成了项目方案设计后,不妨将项目中的投入、产出(如要开展的活动)、期望的成效等放在这个"若……就"的逻辑关系中进行检视。这样我们就很容易发现自己设计的项目方案是否具有逻辑性。

当然,如果想使"若……就"这一逻辑关系成立,我们还需要有一个前提条件——PDLM 中的假设/理论基础。若一个项目的假设/理论基础对一些项目管理者来说可能比较抽象,我们可以尝试从另外一个角度来解释它。

所谓假设/理论基础就是项目管理者对以下问题的认识：问题或处境、项目运作的方式、项目期望、可获得的资源、内部及外部环境、服务对象的认知水平及动机等。同时，我们称之为"假设"，也就是说，它不一定是宏大的理论或被广泛认可的，而是项目管理者设计项目方案时所持的信念、原则、期望。它是项目管理者对项目能够给服务对象带来改变和益处的信念，以及对项目未来发展的一种假设。在上述长者综合支援服务的例子（见图5）中，就存在以下假设：资源及转介平台是能够满足长者的需要的，而且目前项目有足够的资源、人力、时间来搭建资源及转介平台；同时，一旦这个资源及转介平台被搭建起来，长者们就都乐意使用这个平台。此外，平台提供的服务资源都是长者所需要的，并且是能够使长者的需要得到满足的。但是，若我们想要以上假设成立，就必须考虑长者是否真的乐意使用这个平台，是否对项目资源及方案可行性进行了评估，又有哪些已有的研究数据来支持我们的项目方案。因此，假设也需要有充分的证据和研究数据作为基础。项目管理者若能及时反思项目方案设计过程中的"假设"及其合理性，就会使整个项目更富逻辑性。

由此可见，PDLM 不仅能帮我们设定项目的投入、产出与成效，而且"若……就"的逻辑关系还可帮助我们把项目中投入、产出与成效的各个部分有机地结合在一起。

## 四　本土实践的讨论

### 8. 对话八：PDLM 在"大爱之行"项目中的实践及成效

民政部、李嘉诚基金会"大爱之行"项目通过资助全国 110 个社工服务项目，推动社工为不同的服务对象提供专业的社会工作服务，初步惠及全国 29 个省区市的贫困人口。因此，"大爱之行"项目期望总结中国社会工作发展过程中的实务模式、探索形成可学管用的社会服务方法与技巧以及研究社会工作管理服务标准规范。而在培育全国各地的社会工作项目的过程中，提升社工的专业水平和能力亦是此次项目实施的重点。"大爱之行"的 110 个社工服务项目大部分是在此次资助中产生或处于项目初期的新项目。项目发展的逻辑模式作为一种系统的项目管理理论模式，可通过培训向各项目管理者推广。

我们选取六个不同地区的项目发展行动研究，了解项目发展的逻辑模式在"大爱之行"项目中运用的情况和成效。初步研究结果如下。

（1）部分项目管理者能对 PDLM 形成自己的理解并加以运用。以皖西南大别山区偏远特困村（石盆）生计发展社工服务项目为例，该项目期望发展茶叶经济，引导石盆村的村民参与社区发展。调研过程中，项目管理者向我们介绍一步步实施项目的构想——从社工正在开展的茶叶协会治理小组工作到第二期项目如何推动茶叶基金成立、如何举办文化节，再到项目如何围绕当前的问题来设计服务方案。项目管理者认为，"无论从单个的活动也好，还是整个项目也好，逻辑模式的运用还是比较广的"，而整个项目设计也是"围绕总体目标有很多子目标，而这些子目标都是围绕着这个（项目的）总体目标来设计的"。而在"情暖新厦门人"城市融入与社会参与社工服务示范项目中，项目管理者也在项目实施、服务开展过程中梳理项目开展的逻辑："刚开始搞夏令营只是一个兴趣班，但是到今年冬令营和前面的系列活动中，层次感和脉络性可能就会凸显出来，同时项目也根据需求的变化来设计不同的服务侧重点。"

（2）PDLM 让项目更有逻辑性。在调研过程中，我们询问项目管理者是如何理解 PDLM 及 PDLM 是否能在项目方案的设计和运作中帮到他们。有项目管理者指出，"不能把项目看成一堆活动或一堆服务，这些活动和服务间有逻辑关系，串联这些逻辑关系就是项目的目的和目标"。该项目管理者在整个项目方案设计和运作过程中始终想着围绕项目的总体目标出发，再去思考项目的各个子目标和服务方案的设计。同时，也有项目管理者递进性地思考项目开展的逻辑："社区、小组活动都要有一个层层递进的过程，然后每一个目标完成以后是下一个目标的先决条件、前提条件，层层递进下来构成一个整体的循环。"

（3）PDLM 促进项目的实施。在一个新的社区中开展新的社会服务往往有很多需要探索的地方，而"大爱之行"项目管理者在 PDLM 下更加系统性地进行探索。例如，"情暖新厦门人"城市融入与社会参与社工服务示范项目的社工在与新厦门人建立关系过程中的尝试："在与服务对象建立关系的工作中，原来我想以入户探访的形式，但不可行。那我就改一种方法，我先搞社区活动，把服务对象吸引出来，再进行跟进。我们三大方法的转换，逻辑模式能帮我看清楚。"由此可见，社工在与服务对象建立关系的过程中，虽然不断变换可行的方法，但始终可以在项目发展的逻辑模式下清晰地看到社工每一个行动背后的目标是什么。因此，该项目的管理者觉得："我用这种方式走不通，那我一定要有个回路，回到我逻辑的起点。如果一个活动没有那么受欢迎，那就是需求出了问题、跟服务对象建立关系出了问题。"在项目的运作中，项目管理者可以时刻根据 PDLM 中的处境分析（需求）、产出（参与、活动）、成效（最终的影响）等进行检视和反思，从而使社工在烦琐的工作、众多的活动中始终能围绕项目的逻辑关系将项目向前推进。

（4）PDLM 是一个沟通的工具。在社会服务项目中，项目管理者往往需要向资助方交代整个项目情况以及项目的投入与产出，同时还要让项目社工明白整个项目的逻辑以便彼此合作。而 PDLM 在项目管理者与资助方、社工与服务对象沟通的过程中起到桥梁作用。例如，有项目管理者表示，运用 PDLM 前后最大的不同就是："我更能当好一个翻译者的角色，就是说把我们所做的事情能够解释给服务对象听，也能够解释给政府听，而且能够取得一定的政府支持。"我国的社会工作专业处于发展初期，政府和市民都对社工的概念比较陌生，如何用彼此熟悉的语言进行沟通值得我们探讨。而 PDLM 可以成为有助于项目管理者、项目社工、资助方及社会大众彼此沟通的工具。

### 9. 对话九：PDLM 本土化的讨论

项目发展的逻辑模式在问责成效背景下产生，目前广泛应用于美国、中国香港等社会服务比较发达的地区。我们不仅会问，在中国大陆，社会服务及专业社会工作刚刚处于发展的初期，现在真的是问责的时候吗？笔者认为，PDLM 作为项目管理的一个理论框架，在现今中国大陆社会服务发展初期，可以促进我们完善项目管理、促进服务开展。因此，在此，我们不是要利用 PDLM 向处于发展初期的社会服务问责，而是主张将 PDLM 为我所用，促进我们思考如何使项目更加富有逻辑性，达致成效。另一方面，PDLM 能够很好地回应投入、产出与成效相互间的辩证关系问题。目前，中国政府、基金会等都投入了大量资金用于发展社会服务，但同时也有人提出"社工拿了那么多钱，都做了什么"的质疑。面对这样的质疑，我们应该清晰地给出解释——"有多少投入，就有多少成效"。这句话有两层含义：一层含义是，我们投入了多少资源，就应该对应多少成效，这也是我们对资助方和公众的交代；另一层含义则是，我们投入了多少资源，就只能对应多少成效。也就是说，我们不能"打肿脸充胖子"。作为项目管理者，我们应该根据项目的资源投入合理设定成效、估计最终的影响，而政府和公众对此亦应该有一个清晰的认识。因此，我们期望 PDLM 能够让我们了解项目的始终，帮助我们建立投入、产出与成效之间的逻辑关系。

**10. 对话十："大爱之行"项目在实践 PDLM 方面的不足及展望**

"大爱之行"项目透过统一的培训让全国 110 个社工服务项目的管理者有机会学习 PDLM 这一项目管理的理论框架，而在上述的讨论中，我们也初步呈现了项目管理者运用 PDLM 的成效。另一方面，我们在调研过程中发现，不少项目管理者只是停留在"PDLM 可以让我们更系统地思考"或"让我们的项目更加有逻辑性"的认识层面，并不能清晰地说明在项目管理中具体如何应用项目发展的逻辑模式。因此，笔者认为"大爱之行"项目通过 2~3 次短期培训让项目管理者了解"什么是 PDLM"，但并未能让项目管理者深刻地理解应该"如何运用 PDLM"。

此外，我们通过调研发现，PDLM 在实践中存在的一个突出问题就是操作化问题。在我们询问项目管理者"对 PDLM 这一理论框架有什么建议"，甚至在开始时问"你是如何理解 PDLM"的时候，项目管理者异口同声地回答是操作化的问题。例如，"我觉得逻辑模式能不能再细化一些，有更具体的实际操作的守则"；"希望逻辑模式更加有操作性，操作性是有一些指引性的东西"。我们发现提出上述建议或问题的不仅仅是那些感觉不太理解项目发展的逻辑模式的项目管理者，更有那些对 PDLM 有着自己的理解并尝试在"大爱之行"项目中运用的项目管理者。而正如在开篇笔者所引的访谈，在简短的培训后项目管理者仍然"感觉总是差那么一点，有点纸上谈兵的感觉"，也不知道"能怎么样更实际地去指导我们推动项目"。

因此，笔者认为，项目发展的逻辑模式在中国本土化实践的第一步不应仅停留在理念的层面，而应使 PDLM 操作化、具体化和工具化。而本文的初衷正是期望在"大爱之行"项目的基础上与项目管理者一起探讨 PDLM 在实务操作中的难点。在此，我们希望抛砖引玉，期待日后中国本土有更多 PDLM 本土操作化的教程及本土实践的经验与总结。

## 参考文献

陈锦棠，2008，《香港社会服务评估与审核》，北京大学出版社。

Bennett, C. 1976. Analyzing Impacts of Extension Programs. Washington: Extension Service – U. S. Department of Agriculture.

Taylor-Powell, E. , Jones, L. , & Henert, E. 2003. Enhancing Program Performance with Logic Models. Retrieved March 1, 2003, from the University of Wisconsin-Extension web site: http://www. uwex. edu/ces/lmcourse/.

Wholey, J. 1979. *Evaluation: Promise and Performance.* Washington: Urban Institute Press.

实践编

# 社会服务专业发展

## ——从实践创新到制度创新

李昺伟[*]

　　"大爱之行"项目自2014年初开始实施，在东、中、西部29个省区市、110个社工机构开展了十类困境人群的社工服务。截然不同的社会环境和发展路径、多样化的声音和多元主体的广泛参与，构成一部纪实主题的内地社工"微电影"。我们有幸参与其中，感触良多。"大爱之行"项目是一次推动社会服务专业化发展的创新实践，也是发展与完善社工制度的大胆探索。以下的社工团队实践案例，是社工基于不同的文化、地域和客观条件的经验分享，真实地展现出社工在不同的处境实践中所遇到的挑战、面临的机遇。这些珍贵的案例，促使笔者做以下相关反思。

　　首先，"大爱之行"项目的设计、实施如何回应当前社工发展的迫切问题？不可否认，2006年至今短短十年时间，我国社工事业快速发展，取得了重大进展，同时也暴露出诸多问题，质疑声不绝于耳。历史规律表明，任何事物都有其发展阶段，相伴而生的发展问题不可避免也不能回避。民政部作为社工领域最高的行政管理机构，如何坚持以明确问题、解决问题为本的积极态度直接支持"大爱之行"项目，如何将项目实施过程中遇到的问题作为当前社工发展过程中遇到的问题的缩影，对问题的形成原因和影响因素进行研究与理论探讨，并通过创新实践去探索解决问题的路径，如何总结、反思项目实施经验，作为政策研制依据，从制度建设层面回应社工发展问题，促进社工事业的发展形成自上而下、自下而上的良性

* 李昺伟，中山大学社会学与社会工作系副教授；研究方向为弱势社群与社会工作、长者保障权益倡导、社会工作综合服务模式。

循环，等等，都可从不同项目的经验总结中得到一些启示。

　　其次，"大爱之行"项目如何凸显社工专业的历史使命和责任担当？李克强总理在 2015 年《政府工作报告》中提出，应持续推进民生改善和社会建设，加强和创新社会治理，发展专业社会工作，明确强调专业社会工作在民生改善和社会建设中的角色与地位。社会工作如何实质性地回应弱势人群的需求以解决社会问题？社会工作如何参与社会服务体系的建构并加以完善，激发社会活力，促进社会发育，使自身成为社会建设和小康社会实现的重要专业支撑？"大爱之行"项目实践，以提升社会弱势人群福祉为目标，发挥社会工作专业的作用，切实改善弱势人群的生活境遇，深入贫困地区和弱势人群，增强弱势人群改变自身处境的意识，培养社会参与能力，建构人性化、专业化的社会支持网络，以下的案例大概可提供一些未来发展值得关注的内涵。

　　最后，"大爱之行"项目如何探索专业社工参与社会协作的模式？深化政府和社会体制改革、创新社会治理，需要新的驱动力量。培育社会组织、发展专业社工进行社会协作已成共识。但社会工作如何参与社会建设？社工服务如何介入原有服务体系？在专业力量薄弱、政府和社会认可度较低的情况下，有哪些有效抓手？这些问题的解决需要理论研究，更需要实践尝试。"大爱之行"项目是在全国范围内开展的社会工作试验，探索如何利用合作双方的号召和动员力量，促进政社合作；如何坚持成效导向，推动社会工作人才队伍建设，借着服务实践强化专业服务理念、累积专业服务经验、掌握专业服务方法、提升专业服务能力；如何引领、带动相关民办社工机构提升项目策划实施、机构运营管理、资源整合应用等方面的能力；如何推动创设一批扎根本土、可持续性强、社会关注、群众急需的专业服务项目，推动本地民生工作整体发展。

　　以下案例的分享，反映了"大爱之行"项目作为政府主动创新驱动、民间力量参与和改善民生事业的社会协作的试验田，为未来政府创新社会治理和职能转移提供了重要的示范和参考经验。

# 民族社会工作实践的本土化探索研究

## ——以藏族游牧地区留守人员社会工作服务项目为例

谭宇凌　李晃伟[*]

**摘　要：** 随着社会工作在我国的发展，一些少数民族地区也开始尝试在本地推广并实践社会工作。然而，在本土民族社会工作的实践中，社会工作者所遇到的问题通常富有民族色彩，且并无足够经验以供参考。本文将分析青海惠民社会工作研究发展中心在青海省海北藏族自治州刚察县沙柳河镇恩乃村提供的留守人员服务，对整个服务过程进行阐释，从中总结出民族社会工作者对所遇到的富有民族特色的问题的应对经验，期望能对民族社会工作实践的发展有所裨益。

**关键词：** 藏族　民族社会工作

## 一　青海省社会工作发展现状

### （一）青海省社会工作发展现状[①]

青海社会工作始于 2008 年。截至 2014 年，全省在 6 个州地市、10 个县，成立了 37 家社会工作机构，其中民间自发成立的社会工作机构 32 家、体制内社会工作机构 5 家。全省有社会工作从业人员 6.5 万人、社会工作人

---

[*]　谭宇凌，中山大学社会工作专业硕士，研究方向为青少年社会工作；李晃伟，中山大学社会学与社会工作系副教授，研究方向为弱势社群与社会工作、长者保障权益倡导、社会工作综合服务模式。

[①]　本部分数据来自青海省民政厅人事处（社会工作处）《2014 年青海省社会工作发展报告》。

才 26655 人（其中专业人才 709 人）、志愿者 15 万人。截至 2014 年，青海省有初级社会工作师 213 人、中级社会工作师 55 人。青海省重点培育社会工作专业人才的两所高校——青海师范大学和青海民族大学——分别从 2002 年和 2004 年开始招收社会工作专业的学生。历年招收的社会工作专业学生中，少数民族学生保持很高的比例。拥有少数民族背景的社会工作者，在面对本民族服务对象时便不会或较少体验到文化差异，或者说拥有来自本民族的文化敏感性，这对少数民族社会工作者在理解民族文化、促进民族平等方面大有裨益。

2012 年，青海省民政厅与青海广播电视大学共同建立了电大社会工作专科学历教育基地。2013 年，青海师范大学成功申报全国社会工作专业人才培训基地，成为民政部批准的国家培训基地之一。2014 年，青海省民政厅批准青海民族大学为省级社会工作培训基地。

## （二）引入民族社会工作的必要性

### 1. 少数民族群体的弱势地位

根据第六次全国人口普查数据，我国少数民族人口为 113792211 人，占全国总人口的 8.49%，与第五次全国人口普查相比，增长了 6.92%。① 随着近几十年来一系列民族政策的落实，少数民族地区的经济得到较快的发展，人们的生活水平也有了极大的提高，但是相比全国大部分省份，少数民族地区依然比较落后。少数民族聚居地通常存在交通不便、自然条件恶劣、生存条件差等问题，同时，少数民族的文化与主流文化存在巨大差异，这使他们在社会文化方面游走于社会边缘。少数民族在经济、文化等方面处于弱势地位。

青海，地处青藏高原东北部，面积约为 72 万平方公里。据国家统计局第六次人口普查数据，全省常住人口为 5626722 人，其中汉族人口约占 53%，少数民族约占 47%，其中又以藏族、回族居多。② 作为我国五大牧区

---

① 国家统计局：《2010 年第六次全国人口普查主要数据公报》（第 1 号），http://www.gov.cn/test/2012-04/20/content_2118413.htm，最后访问日期：2015 年 9 月 15 日。

② 国家统计局：《2010 年第六次全国人口普查主要数据公报》（第 1 号），http://www.stats.gov.cn/tjsj/tjgb/rkpcgb/dfrkpcgb/201202/t20120228_30399.html，最后访问日期：2015 年 9 月 15 日。

之一，青海拥有广袤无垠的优质草场，全省土地面积为7216.53万公顷，牧草地占56.29%，耕地仅占0.95%，人均耕地0.122公顷（杨皓然，2014）。由于地处西北内陆，省内铁路和公路路网稀疏，远离全国经济中心，经济发展十分缓慢。少数民族地区居民的受教育程度低，多以放牧为生，城镇化进程缓慢，发展基础薄弱，加之近年来对自然资源的过度开发，导致生态环境被破坏，少数民族群体无论在经济生活还是文化生活上都处于不利地位。

### 2. 弥补民族工作的不足

新中国成立初期，全国范围内的少数民族地区并未完全解放，此时民族工作的重点是促进少数民族对党的信任，巩固新生政权。全面建设社会主义时期，"运动式"的治理带来了很多不利影响。改革开放后，国家对民族工作中出现的一系列问题进行了反思，将发展少数民族地区经济放到了重要地位，同时增进少数民族对党的认同（白利友，2013）。

我国提倡民族平等、共同繁荣。新中国成立以来，少数民族地区得到了一定程度的发展，但是相对于东部地区，少数民族地区在经济、文化上的发展还比较落后。王旭辉（2013）认为，"跨越式发展"造成了一系列问题，此外，资源配置手段的市场化和个人能力取向的发展模式在某种程度上削弱了民族工作的效果。少数民族地区经济基础薄弱、交通不便，唯有采取自上而下的工作方式，通过政府动员、资助才能完成大型基础设施建设。然而，随着市场经济和全球化的发展，自上而下的工作方式的灵活性明显不足，不能及时回应少数民族地区的需求与资源配置方式的变化。民族社会工作以自下而上的方式，不仅关注个人与家庭，也重视少数民族群体与社区的发展和融合，弥补由于推行行政性工作而忽视个人需求、缺乏灵活性、较少关注民族特征等不足，成为民族工作目标实现的重要手段。

### 3. 社会工作的价值理念和本土化的要求

社会工作发展源于人们的一系列慈善行为，为弱势群体提供帮助、促其发展。社会工作所追求的公平、公正、发展等一系列目标是其介入少数民族地区的内在原因。少数民族地区可能面临经济发展落后、生活水平低下、自然灾害频发等各类问题。当少数民族服务对象来到城市时，又会面临融入城市的问题。社会工作专业自身的价值理念和目标要求社会工作者秉持接纳、尊重、真诚等价值理念面对处于弱势的服务对象。

每一个民族都有着有别于其他民族的文化。在面对不同的少数民族群体时，一成不变的工作方法是行不通的。发展民族社会工作，对拓宽社会工作研究领域、促进社会工作研究创新和推动社会工作本土化有着积极的意义。

## 二　民族社会工作

### （一）民族社会工作的定义

一些学者尝试从宏观的角度来理解民族社会工作，认为民族社会工作应该遵循国家宏观的政策和目标，成为民族工作的一种实现形式。郑杭生（2005）提出，"民族社会工作是政府和群众团体依据国家的民族政策，在社会工作的理论与方法指导下，对在物质和精神等方面面临困境的少数民族个人和群体所实施的一系列救助服务活动"。这个定义具体指出了民族社会工作服务的提供者——政府和群众团体。另一些学者从微观的角度对民族社会工作做出定义，并更加强调社会工作的相关理念与目标。周甜（2008）的定义与社会工作的一般目标较为吻合。周甜认为，民族社会工作是"以社会工作的价值、理论为指导，以少数民族及其周边环境为服务对象，运用社会工作的专业知识与技巧，发掘少数民族自身的潜力，助其自助，从而实现其自我发展"。张丽剑、王艳萍（2005）认为，民族社会工作就是"从民族的角度审视社会工作……以案主为中心，以民族为主线，在少数民族地区开展的针对少数民族的助人工作"，呼吁将民族研究与社会工作相结合。李林凤（2009）的定义是对上述定义的综合，认为民族社会工作的对象是少数民族个人或群体，针对其所处困境提供社会服务，最终目的是促进少数民族全面发展。还有一些学者尝试以一种将民族工作和社会工作并重的方式来解释民族社会工作。任国英、焦开山（2012）认为，民族社会工作的核心是社会工作，应当在民族社会工作中运用社会工作的专业价值和理论方法，依据国家的民族政策和福利政策，为面临困难的民族群体和个人提供服务。常宝、亓·巴特尔（2013：10）认为，民族社会工作的对象还应当包括少数民族地区人数较少的汉族或其他少数民族，在少数民族聚居的地区，当地人数较少的其他民族在文化、生活等的融入方面容易出现问题。王旭辉、柴玲、包智明（2012）比较强调族群的概念，他们认为民族社会工作须"以'案主'的族群归属、族群文化及族群发展现状为基础"来提供服务。

笔者从以下几个方面来理解民族社会工作。首先，在我国谈民族社会工作，离不开社会所追求的民族共融、共同繁荣的理想。民族社会工作应当成为实现这个理想的具体方式，因此，民族社会工作不能脱离宏观政策和实现民族共融、共同繁荣的理想的范畴。其次，作为社会工作的一部分，民族社会工作被默认为符合社会工作的一般目标、价值与理念。另外，民族社会工作也赞同社会工作中对服务对象所处情境进行理解与接纳的相关内容，因此民族社会工作除了秉持社会工作的一般目标与价值理念外，还离不开对少数民族群体特质和文化的理解与尊重。总之，民族社会工作应当在国家的民族政策指导之下，运用社会工作的价值、伦理、理论、方法，以少数民族文化背景为基础，尊重多元文化，开展一系列助人服务，促进少数民族地区的个人的自我实现、群体的团结发展和社会融入。目前，学界对民族社会工作是社会工作的一个领域并没有异议，也都认为应当运用社会工作的价值、伦理、理论、方法来指导民族社会工作实务。在民族社会工作的目标上，除了促进个人和群体的福祉与发展外，很多学者认为还应当促进民族繁荣和民族内、外部关系的和谐。笔者的定义便是在对这些看法进行总结的基础上形成的。

### （二）民族工作与民族社会工作的比较

我国政府开展民族工作时间久矣。白利友（2013）对我国民族工作的解释为："中国的民族工作就是专指少数民族工作。随着中国共产党的民族工作范围不断由一个个分散的族体单位向少数民族集中的区域拓展，民族工作的外延也在进一步扩大，即民族工作还被用来指中国共产党在少数民族地区的工作。"张丽剑、王艳萍（2005）则对民族工作的内容进行了详细说明，并认为从"从更广的意义上来看，与少数民族有关的，甚至是与少数民族地区相关的工作均被归为民族工作"。郑杭生（2011）的定义较为简练："民族工作就是民族工作部门或机构指定或执行民族政策，解决民族问题和处理民族事务的一系列具体的实践活动。"这个定义不仅指出了民族工作实施的主体为政府相关部门，而且指出了民族工作的大致内容。

我们不难发现，民族工作与民族社会工作之间存在差别，有必要将两者区分开来。①两者的实施主体不同：民族工作的实施主体是政府及其有关部门，运用行政力量和财政支持在少数民族地区开展服务；而民族社会工作是民间组织或一线社工，根据政府关于社会治理的目标，结合本机构宗旨开展服务。②工作方法不同：民族工作的工作方法是行政性的，采取一种自上而下的方式，通过具有一定强制性或者引导性的政策、规章、纲领对少数民族地区的发展和民族问题的解决做出规定，整个过程中民众参与较少；与之相反，民族社会工作采取的是一种自下而上的方式，以社会工作的手法、价值理念对待服务对象，邀请并引导民众积极参与。③专业程度不同：民族工作属于行政性的，采取的是由国家到地方，由政策、规章到行动的一套工作方法；民族社会工作为专业社会工作者提供的专业助人服务，服务提供者接受过相关知识、技能的培训，对服务方案设计、执行及服务提供者的职业道德有一套专业的要求。④指导方针不同：民族工作以国家民族政策和福利政策为依据，符合国家有关社会的一般目标；而民族社会工作以社会工作的价值、理念、理论、方法为指导，尊重个人和群体的尊严、价值以及少数民族的文化。⑤工作对象不同：民族工作的工作对象是整个少数民族区域，对个人或小群体的需求较少关注，所提供的服务也多是统一性的，不会考虑个人的独特性；而民族社会工作的工作对象是处于困境中的少数民族个人、家庭、群体，从微观、中观层面入手为案主提供个性化的助人服务，同时，在宏观上也力争有所作为。⑥工作内容不同：民族工作主要针对少数民族地区居民经济、生活水平的提升及区域的社会建设，从教育、税收、行政管理等各个层面入手；民族社会工作的工作内容涉及个人、家庭、群体，乃至社区民众的精神、生活、工作等方方面面。

### （三）民族社会工作的本土化

社会工作的本土化简单来说就是将社会工作引入我国，并使之发挥作用的过程。李林凤（2007）认为，社会工作的本土化是一个不断变化的过程，是指"外来的东西进入另一社会文化区域并适应后者的要求而生存和发挥作用的过程"。李林凤更进一步指出，社会工作的本土化在我国尤其需要注意社会制度和文化的异质性。产生于西方制度与文化背景的社会工作，虽然在生活幸福、社会公平、和谐的理想上，与我国有着一致的追求，但对社会的看法和对文化的理解，西方与我国有很大的不同，因此社会工作的本土化不可忽视制度与文化的因素。倪勇（2007）在谈到本土化时，强调"文本移植"和"本土化"两个概念，通过文本移植将知识引入当地，接着通过本土化，使外来文化与本土相适应，并且发挥作用。倪勇认为，我国目前已经完成了文本移植，现阶段社会工作的目标应当是做好本土化。殷妙仲（2011）尝试从文化的角度来揭示本土化的意义。首先，他认为本土与非本土是多元的。中国作为一个地域差异极大的多民族国家，本土本身就是多元的，不同区域内，本土化的过程与内容都不一样。社会工作在进入本土时，经过持有不同观点、文化、利益的传递者的诠释与再诠释。这些传递者推销着自己对社会工作的主观理解，本土学者又在与传递者的互动中诠释自己所理解的社会工作。因此，"本土化是一个对本土社会工作下定义的角力过程"。其次，他认为"本土化是一个文化过滤的过程"。在理解中国本土文化时，有四个主要的内容："精英式的传统道德文化"、"老百姓的日常生活文化"、"政府的意识形态"和"市场经济的消费文化"。在考虑文化与本土化的关系问题时，不能将我国的文化看作单一、固定的，文化是在以上四个主要内容不断撞击、补充之中变化着的。

民族社会工作的本土化强调"民族"二字。"民族"在这里意味着，服务对象的少数民族身份、背景与服务提供者应具有的民族敏感性。民族社会工作本土化说到底就是多元文化与社会工作的碰撞。殷妙仲提到在理解中国文化时的四个主要内容——"精英式的传统道德文化"、"老百姓的日常生活文化"、"政府的意识形态"和"市场经济的消费文化"，在民族社会工作领域，还应当加上"少数民族特有的文化"。少数民族服务对象受到自身特有的文化的影响，一些原有文化特质保留较完整的少数民族受中国文化四个主要内容的影响可能没有受自身特有的文化的影响大。民族社会工作的本土化过程不可忽视的就是民族的特质。

# 三 项目背景

青海惠民社会工作研究发展中心（以下简称惠民）成立于 2014 年初。2014 年惠民在申报"大爱之行"项目时，了解到青海省民政厅也有意在恩乃村开展扶贫项目，民政厅与惠民的计划不谋而合。惠民于 2014 年 7 月开始在青海省海北藏族自治州刚察县沙柳河镇恩乃村开展"大爱之行"项目，项目一共获得资金 40 万元，针对藏族游牧地区留守人员提供服务。青海省民政厅利用福彩公益金投资 240 万元，修建幸福院，建筑面积 800 平方米，设计床位 45 张，于 2014 年交付使用。幸福院是集中照顾留守人员的场所，也是本项目开展服务的主要基地。

## （一）社区情况

按照区域差异，青海省大致被分为四个自然区：河湟自然区、环湖自然区、柴达木自然区、三江源自然区。本项目实施地恩乃村，位于青海省海北藏族自治州刚察县沙柳河镇，属于环湖自然区。"环湖区位于青海中部地带，总面积 $9.33 \times 10^4 km^2$，占青海省总面积的 13.1%，人口约 42.97 万人，占青海省总人口的 7.85%。"（卓玛措，2010）

我国最大的咸水湖——青海湖——便在恩乃村附近，另外，恩乃村还靠近鸟岛、原子城、金银滩等多处旅游景区，村周围草原广阔、牛羊成群、风景怡人。这里生活的藏族同胞大都以放牧为生，习惯逐水草而居，一年中有 1/3 的时间会更换草场、外出放牧，现在已有部分藏民选择在适宜的地方建砖房，搬出传统的毡房，其他藏民依然会在转场的时候，带上牛羊、家眷和毡房一起迁往新的草场。

恩乃村位于沙柳河镇正北 20 公里处，是青海省唯一一个定点扶贫村。全村有 3 个牧业合作社。村内有两所寺院，分别为刚察大寺、加尼寺。刚察大寺现有僧侣 70 名，加尼寺现有僧侣 16 名，青海省民政厅出资修建的幸福院便在刚察大寺旁。全村草场面积约为 24 万亩，其中，冬春草场面积约 11 万亩、夏秋草场面积约 13 万亩，在全省牧区中草场资源较为匮乏。全村共有 230 户 897 人，其中有劳动能力者 415 人、残疾人 12 人、丧失劳动能力的残疾人 8 人、60 岁及以上的老人 70 人。全村低保户 33 户 85 人，五保人员 4 人，贫困户 45 户 115 人。近年来，青海省民政厅帮扶多个贫困家庭整修房屋、帮助饮水困难地区新修水井，对改善贫困家庭的生活起到了一定作用。①

### （二）服务对象情况

项目受益人群为全村夏秋游牧季节留守人员 125 人，其中 70 岁及以上的留守老人 39 人、丧失劳动能力的残疾人 8 人、学龄前儿童 6 人，共 53 人，这 53 人是本项目的重点服务对象。项目的服务对象有其独特之处：①留守人员一年之中只有部分时间处于留守状态。恩乃村的藏民们保持着游牧民族的传统，他们会在一年中更换草场放牧，减轻草场负荷，保护草场资源。当青壮年出去放牧时，不便于跟随的老人和儿童便处于留守状态；年轻人转场回来后，老人和儿童便能与家人团聚，告别留守状态。②青海省民政厅为解决在转场期间留守人员无人照顾的问题，特地在恩乃村刚察大寺旁建了幸福院，但由于幸福院床位有限，且仅为老人提供服务，因此服务对象又分为能入住幸福院的和不能入住幸福院的。因此，惠民所提供的服务分为院舍和社区两个部分，为不同的服务对象群体提供适切的服务。

## 四　项目历程

### （一）项目调研

整个项目共进行了两次入户调研。一是项目开展初期，惠民进行了为期 1 个月左右的摸底调研，走访全村 230 户家庭，初步了解全村留守人员及其家庭的基本情况；二是在正式开展服务前，惠民又开展了一次入户筛查，共收集问卷 79 份，访谈 48 户。主要目的是了解重点服务对象入住意愿及需求，进一步加深对服务对象的了解。

牧区并不像城市，家家户户住得近，交通也便利。在牧区，社工们想

---

① 数据来自项目内部资料。

要去服务对象家里，近的驱车 20 分钟，而至今未通路、开不了车的地方只能靠步行，一日徒步几十公里的情况并不少见。惠民主任和社工干脆住在村子里，方便每日入户评估服务对象的需求。

### （二）三大层面并重

#### 1. 服务对象层面

在服务对象层面，社工们把重点放在两个方面：一是老人们生活质量的保证，生活质量主要体现在原本生活方式的保持和生活的便利性两方面；二是老人们情感需求的满足，情感需求主要体现在对幸福院的归属感和对家人的牵挂的纾解上。

（1）生活质量的保证：传统生活方式得以延续。青海省民政厅出资修建幸福院，希望将村中留守老人集中起来，在子女外出放牧、更换草场的季节集中在幸福院统一照顾。恩乃村中的藏族老人保持着藏族传统生活方式，虽然有部分人家已经选择合适的地方定居下来，建起平房，但是生活习惯一如从前。幸福院中的布置也基本参考藏族的生活习惯，每个房间中除了有基本的家具之外，还备有藏式的炉子，老人们可以跟往常一样在屋内烧牛粪取暖，管理方式灵活。老人们的留守身份因季节而变：子女外出放牧时处于留守状态，子女转场回来便不再处于留守状态。因此，在子女转场回来的时候，老人们便可选择是继续住在幸福院中还是返回家中生活。此外，在筹划建幸福院时，便考虑到藏族有每日念经、祭拜佛祖的习俗，将幸福院建在村中的刚察大寺旁，步行不足 5 分钟便可到达，并且在幸福院中还建了烧香的坛子。幸福院对于入住老人们外出听经并没有限制，许多老人每天会花大量时间在旁边的寺院听僧人讲经。

（2）情感需求的满足。老人们都是初次离开家人的照顾，第一次集中居住到一个陌生的地方，加之部分老人腿脚不便，生活上的不习惯更会加重老人们对集中居住不适应的情况。为了使老人们彼此之间加深了解、增强对幸福院的归属感，同时也为了提升老人们的生活质量，社工们多次邀请寺院僧人前往幸福院：一来是借着讲经的机会，请僧人为老人们纾解心中烦闷；二来请僧人教授老人们日常生活技巧和照顾技巧，方便老人们自我照顾和互相照顾；三是请僧人将社工介绍给老人们，加深双方之间的信任。另外，为纾解老人们对家人的思念，社工们开展了"老少同乐"、"家人团圆"的活动，分别有46人和35人参加。一次是在老人们的子女转场期间请在村中上学的老人们的孙子/孙女与老人们一同跳起老人们最熟悉的舞蹈；另一次是在老人们的子女转场回来之后，请老人们的子女加入活动中，目的是加强家人之间的沟通、增进家人之间的感情、减少老人的孤独感和寂寞感。

**2. 社区/社会层面**

在这一层面，社工建立了一支志愿者队伍，并组织和培养村骨干，帮助他们为独立管理幸福院做准备。

（1）建立志愿者队伍。社工们在开展前期的摸底调研时就意识到发展志愿者的重要性。恩乃村的村民大部分不会讲汉语，尤其是老人们完全不懂汉语，前期调研的时候主要依靠村中的联络人帮忙翻译。另外，由于社工是外来者，并不了解藏民们的文化习俗与生活方式，加上语言不通，老人们并不了解社工们的意图，因此老人们很难对社工产生信任。正式服务开始之后，社工们着手建立志愿者队伍。主要通过社区宣传、推荐与自荐的方式，最终确定20名本村居民为服务志愿者，其中藏族志愿者16名、汉族志愿者4名，受过初中及以上教育的志愿者13名。这20名志愿者均对村中事务充满热情，或是受过良好教育，或是外出打过工，能使用藏汉双语进行基本沟通，并且对外来事务的接受能力较强。社工们对志愿者进行了培训，主要培训内容为照顾技巧、老人保健知识、志愿者队伍建设知识等。这些志愿者生长于恩乃村，了解村中基本情况。志愿者与老人们进行沟通，一来解决了语言不通的问题，二来通过志愿者介绍，老人们消除了戒备心理，开始对社工们产生信任。

（2）培养村骨干。为达到村子最终独立对幸福院进行管理的目标，社工们召集了一批村骨干，这些人大多曾担任村干部，对村中事务比较了解，且掌握一定的管理技巧，社工们有意识地对他们进行引导，邀请其参与到服务的各个环节中，帮助其加深对服务目的、意义的理解，同时组织他们前往当地养老院，对院舍的组织架构、制度章程、运作模式等进行深入了解。

### 3. 社工能力/专业发展层面

除了以上两个层面的内容，项目自始至终不断为促进本地民族社会工作的发展做出努力。这包括两个方面的内容：一是为保证服务质量，除"大爱之行"项目督导团队的督导外，惠民始终与当地高校保持合作关系，请高校社工教师在知识、理论上为机构提供帮助；二是在服务过程中积极为当地社会工作专业学生提供实践的机会，促进实务发展。

（1）当地高校社工教师提供的理论支持。惠民在承接项目的初期就与当地高校的社会工作专业教师保持密切联系，从一开始的项目申报到每个服务方案的设计都请高校社工教师从专业的立场提出建议，以避免服务过程中的盲目性与主观性。高校社工教师为服务的开展提供了理论支持。

（2）社工实践机会的提供。截止到 2015 年下半年，先后有 100 多名社会工作专业的学生长期或间歇性地参与项目。这些学生掌握社会工作专业知识与技能，了解服务的目的与意义，其中不乏藏族学生，他们懂藏语，了解藏族文化，对服务的开展起到了积极作用。当志愿者无法理解社工想要表达的内容的时候，藏族学生们便能发挥作用，并且在开展活动的过程中藏族学生在服务对象与社工之间架起了沟通的桥梁。

## 五 前进中的阻力

民族社会工作与其他领域的社会工作有很多相似之处，对服务对象秉持接纳、尊重的态度，其他领域社会工作实务中采取的方法、技巧大都也能为之所用，其他领域的社会工作者遇到的困难，民族社会工作者也会遇到，然而民族社会工作者所遇到的困难，其他领域的社会工作者却未必都会经历。在本项目中，社工也遇到了一些民族社会工作特有的困难。

### （一）接触服务对象的难度高

这里的"接触"有两方面的含义：一是指难以接触到服务对象；二是指语言不通，沟通上存在障碍，导致难以与服务对象建立关系。

以恩乃村为例，村中有 20 多万亩草场，村中的 230 户村民便分布在这20 多万亩的草场上，其中 53 名重点服务对象的家在这广袤无垠的草场上更加分散。一些住地靠近小路的服务对象，驾车便可以去拜访。所谓小路也不过是宽度只允许一辆车通过的碎石子路，崎岖不平。然而，大部分服务对象分散居住在广袤的草场上。草场上牧草丛生，根本看不清脚下是沟是渠，驾驶难度高，而且为保护草场，也不是所有地方都能够开车前往。然而，社工们硬是坚持下来了，靠着车和双脚，完成了两次调研。正式开展服务后，社工们便尽量把活动地点安排在幸福院和交通便利、村民们经常会前往的广场，有车的服务对象会驱车前往，对没有车的服务对象，社工们会请求村中支援，派车接送。

在少数民族地区开展服务，语言不通是一个大问题。恩乃村外出打工者并不多，外来人口也较少，村中会说汉语的人不多。社工在初期与老人们接触时发现，双方根本无法进行沟通。沟通的不畅导致老人们对社工充满了怀疑，老人们不知道社工的身份是什么，也不知道他们想干什么，因此无法对社工产生信任。正式开展服务前，社工便建立了一支志愿者队伍，请村中既懂汉语又了解村中情况的村民充当社工和老人们之间的桥梁，利用老人们对志愿者的信任，请志愿者将社工介绍给老人。沟通的问题解决了，老人们渐渐明白社工的意图，慢慢消除了戒备心理，开始信任社工。然而，志愿者们虽然能使用藏汉双语进行基本交流，且对社会工作有简单的了解，但是并不能很好地将社工的很多较为专业性的表达翻译成藏语，造成信息的流失。在参加项目的藏族社会工作专业学生的帮助下，社工解决了这个问题。这些学生能流利地使用双语交流，并且具备社会工作专业知识，在翻译和协助活动时起到了很大的作用。

### （二）对社工跨文化能力的要求高

我国少数民族众多，每个少数民族都有自己独特的文化和风俗。像恩乃村这样的村庄，少数民族文化保存完整，任何一个外人如不知晓当地文化，都会显得格格不入。为少数民族服务对象提供服务，社工应当具备较高的文化能力：对少数民族服务对象身份的感知、对其文化背景的主动了解与恰当表达。恩乃村的老人们习惯藏族的生活方式，他们喜喝奶茶、每日念经、喜欢在家中供奉宗教器物，每家每户屋内都有藏式的炉子，用来取暖煮饭。幸福院房间内的设置使老人们能够保持生活习惯，在饮食起居上有最大的主动权。同时，惠民指派同为藏族的社工为项目负责人，保证民族特质始终是服务方案设计与实施中的重要元素。例如，"我们都是一家人"活动为建立起社工与服务对象之间的联系、缩短彼此之间的距离，请当地僧人帮助促成双方的沟通；"老少同乐"活动设计了藏族老幼都喜爱的跳锅庄舞环节，在服务方案设计的细节上，无不渗透着民族元素。

## 六　民族社会工作展望

从全国范围来看，少数民族地区还处在相对弱势的地位。由政府主导的民族工作的开展从宏观层面入手，改善了少数民族群体的生活状况、带动了地区的发展。随着社会工作在我国的不断发展，社会工作者有责任从中观与微观层面对民族工作进行有力的补充。

我国少数民族众多，每个少数民族都有着自己的历史与文化。在许多少数民族地区，民族文化保存完整，外来的社工贸然进入必然会引起误会，并且给后续服务的开展带来不便。目前我国民族社会工作实践在数量和深度上都有限，但是随着民族社会工作者的不断尝试，假以时日，民族社会工作也能总结出自己的独特模式。民族社会工作的发展将丰富我国社会工作本土化的内容，为少数民族个体、族群与地区的发展助力。

恩乃村只是众多少数民族地区之一，恩乃村的社会工作服务经验也仅代表服务当地藏族留守人员的经验。然而其间社工们遇到的很多困难，也是其他地方民族社会工作者所面临的：服务对象居住遥远，难以接触；语言不通，无法相互理解；民族社会工作实践经验有限，等等。然而，社工们始终抱持着专业的态度与使命感，认真对待每一位少数民族服务对象。

我们有理由相信，民族社会工作最终会在实践者们的不断努力下，扎根在这片土地上。

**参考文献**

白利友，2013，《中国共产党的民族工作与少数民族的政党认同》，云南大学公共管理学院博士学位论文。

常宝、亓·巴特尔，2013，《民族社会工作》，华东理工大学出版社。

李林凤，2007，《论社会工作者的族群文化敏感性——多元文化背景下社会工作本土化的一种探索》，《贵州师范大学学报》（社会科学版）总第 144 期。

李林凤，2009，《多元文化下的民族社会工作》，《黑龙江民族丛刊》（双月刊）第 2 期。

倪勇，2007，《社会工作本土化之路向分析》，《山东社会科学》第 11 期。

任国英、焦开山，2012，《论民族社会工作的基本意涵、价值理念和实务体系》，《民族研究》第 4 期。

王旭辉，2013，《民族社会工作的合法性、实践价值及策略性发展重点》，《中央民族大学学报》（哲学社会科学版）第 4 期。

王旭辉、柴玲、包智明，2012，《中国民族社会工作发展路径：“边界跨越”与“文化敏感”》，《民族研究》第 7 期。

杨皓然，2014，《青海高原生态经济系统可持续发展研究》，中国社会科学出版社。

殷妙仲，2011，《专业、科学、本土化：中国社会工作十年的三个迷思》，《社会科学》第 1 期。

张丽剑、王艳萍，2005，《从民族的角度审视社会工作》，《中南民族大学学报》（人文社会科学版）第 11 期。

郑杭生，2005，《民族社会学概论》（第一版），中国人民大学出版社。

郑杭生，2011，《民族社会学概论》（第二版），中国人民大学出版社。

周甜，2008，《社会工作在西部少数民族地区开展的必要性分析》，《传承》第 9 期。

卓玛措编，2010，《青海地理》，北京师范大学出版社。

# 动态需求评估嵌入社工服务方案设计的探究

## ——以"情暖新厦门人"城市融入与社会参与
## 社工服务示范项目为例

朱汶静　　郭思源[*]

**摘　要：** 城市化进程中流动人口的社会融合是一个循序渐进的过程，流动人口面临户籍制度、社会资本、社会排斥三方面的制约，在经济、文化、教育、社区参与等方面缺乏参与的渠道和权利。基于此，社工服务介入城市流动人口社会融合议题，动态需求评估为该领域社工服务方案的设计提供了基础。本文主要探索动态需求评估嵌入社工服务方案设计的方式，结合实证性、解释性、互动性需求评估在服务中的动态测量，提出适应流动人口流动性及变化性的动态需求评估方式和社工服务形式。

**关键词：** 流动人口　需求评估　社工服务方案设计

改革开放以来，经济的快速发展为人口的流动提供了便利的条件，其中农村和小城镇人口向大城市的流动尤为突出，户籍制度下的城乡二元结构也在制度排斥和文化排斥的层面对流动人口的社会融合形成制约。党的十八届三中全会提出"创新社会治理体制"。"社会管理"到"社会治理"的演变为社会工作服务提供了更加广阔的平台，社会工作作为社会治理多元主体之一参与到社会服务之中。李嘉诚基金会和民政部推动的"大爱之

---

[*] 朱汶静，中山大学社会工作专业硕士，研究方向为老年社会工作、流动人口社会问题研究；郭思源，仲恺农业工程学院人文与社会科学学院社会工作与社会政策系教师，中山大学社会工作教育与研究中心特约研究人员，国家中级社会工作师，研究方向为社会工作实务、青少年儿童社会工作、社会工作项目管理。

行"项目，通过购买社工机构的服务为主要方式，面向弱势群体开展示范性专业社会工作服务。厦门市湖里区希望社工服务中心以城市流动人口为服务对象，开展"情暖新厦门人"城市融入与社会参与社工服务示范项目，根据流动人口自身的流动性和变化性，以动态的需求评估体系了解、跟踪流动人口的社会融入需求。要使"情暖新厦门人"城市融入与社会参与社工服务示范项目的服务惠及基层群众，其首要前提是对服务社区的目标群体进行项目需求评估，然后以有针对性和可持续性的社工服务方案设计直接对服务对象的改变产生影响，推动社会工作服务的规范化，提升政府、基金会购买服务的有效性。需求评估是其中一个重要的组成部分。

本文主要讨论在"大爱之行"项目推进的过程中，在城市流动人口领域采用动态需求评估的重要性以及匹配性，探讨在介入流动人口集中社区的初期阶段如何进行需求评估并建立初步关系。

## 一 社工服务中的需求评估

### （一）从概念看需求评估的定义及需求分类

需求评估（needs assessment）的含义不仅包括描述事实和挖掘问题，还包括得出结论和分析现象等方面的内容（顾东辉，2008）。美国于 1974 年在《社会安全法第二十号条款修正案》中，首次提出需求的定义："当个人或家庭成员在发挥其最大潜能时，出现受到限制且可辨识的情境便产生了需求。"从中可以看出需求的表现形式，即限制个体或家庭成员发挥最大潜能的可辨识的、客观存在的情境。客观存在与可辨识的特点，使得需求能够被评估、被研究，可从质性和量化两个面向去诊断个体或家庭成员潜能发挥受到限制的各个层次的原因。质性的陈述要求能将特定的需求情境标示为服务方案欲改正或解决之问题，而定量的面向则是对问题的严重程度进行量化或累计估算（Kettner, Moroney, & Martin, 2013）。

Bradshaw 将需求分为四类，即规范性需求（normative need）、感受性需求（felt need）、表达性需求（expressed need）以及比较性需求（relative need）。规范性需求是由专业人士或普遍规范来界定的；感受性需求是基于对服务对象的感受做评估而识别的需求；表达性需求是针对服务对象所表达的需求做评估，探讨其需求是否得到满足；比较性需求主要是对人文社区或地理社区之间服务需求的差异、人口群体需求的差异、垂直分配与平行分配比较的需求差异等进行分析得出的需求（Kettner，Moroney，& Martin，2013；黄松林等，2007）。

### （二）从方法论看需求评估的操作及运作

需求评估作为社工开展服务的一个重要依据，其科学性与可靠性显得十分重要。实证性需求评估能够为评估提供大量的数据资料和证据，作为服务方案设计的重要支撑，提供客观的评估结果，但是单一的需求评估难以确保需求评估的精确性。解释性需求评估以及互动性需求评估更加关注个体的主观意愿以及环境系统的因素，能够使评估更加精确地指向服务对象的需求，从而完善需求评估体系。

（1）实证性需求评估。实证主义起源于孔德的实证哲学，孔德强调为了预测而观察，根据自然规律不变的普遍信条来研究现状，以推断未来（孔德，1996），主张以实证的科学方法来研究人类社会，即通过可观察、可测量的定量的方法，将社会学研究建立在经验证据的基础之上。在实证主义的影响下，需求评估的操作过程要求评估者收集更多的资料和证据，主要以问卷调查为主，通过分析量化的数据并结合科学客观的量表、指标来确定服务对象的需求，同时辅以权威及现有的官方调研资料确定目标群体的普遍需求。实证性需求评估更多地是在前期需求评估中测量服务对象的表达性需求、规范性需求。

（2）解释性需求评估。与孔德、斯宾塞、迪尔凯姆等人提出的实证主义研究方法相对立，韦伯的理解社会学强调社会学是一门致力于解释性地理解社会行动并通过理解社会行动的过程和影响做出因果说明的科学（韦伯，1997），主张社会学研究应转向人和人的主观意愿，通过直接观察解释性地对社会行动进行分析和研究。解释性需求评估要求不断地与服务对象进行交流。因服务对象的行为和思想可以反映出其需求，主要关注服务对象的感受性需求。解释性需求评估主要通过访谈、观察等方式实现。

（3）互动性需求评估。布鲁默继承和发扬了米德的思想，提出了符号互动论，主要从社会心理学的角度，关注社会互动过程和社会关系，强调人类的互动产生于个人所处的情境（参见侯钧生，2006）。布鲁默创建了"经验社会世界直接的、自然主义的考察"方法——探索和检验。探索主要通过观察、访谈、自由聊天等方式实现，检查则通过比较和提问实现（参见万仞雪、林顺利，2014）。在互动性需求评估的过程中，社工通过理解服务对象的一些象征符号及其社会互动关系，发掘服务对象的潜在需求，并且关注情境对服务对象的影响，以多元的方式收集服务对象未提供的信息，评估服务对象的感受性需求和比较性需求。

### （三）从社工服务看需求评估的嵌入性和重要性

社工服务方案设计必须根据服务对象现状的变化不断变化，其内容必须具有时效性和可测量性。社工利用需求评估资料及调查所得资料，预估服务方案的成效及其服务趋向，同时以质性和量化方法研究资料，确保能够将需求真实地呈现出来并挖掘隐性需求。需求评估作为社工设计服务方案的基础和前提，为服务方案的设计提供了现实依据和服务方向。设计服务方案的重要前提是能够辨别出危机人群及其特征，并将问题转化为具体可测量的需求。社工进行需求评估，对所收集的资料以及受某类需求困扰的人群信息进行分析，形成服务计划、服务架构，具体化服务输送的过程以及服务成效。而城市流动人口需求的流动性和渐变性则对需求评估本身以及社工服务提出了动态变化的要求，服务必须贴近需求。动态需求评估在社工服务方案设计中是否嵌入得当，以及嵌入过程中形成了什么关系，这些是社工在实务过程中需要思考的新问题。

## 二　动态需求评估的提出

需求评估在决定项目的可行性及优先次序上非常重要（陈锦棠，2008）。需求评估在一定程度上能保证服务方案的可操作性以及项目目标的可及性，针对评量中发现的未能得到满足的需求，设计相应的社工服务方案。顾东辉也指出需求评估旨在发现需求不足（顾东辉，2008）。需求不足包括特殊需求与社会需求的不足，社会工作服务中的需求评估需要把握需求的主体是谁，同时也要了解需求不足所带来的直接或间接影响以及需求亟待满足的紧迫程度，在进行服务方案设计时按需求评估中既定的需求分类，设计合适的服务方案，促进需求得到满足。

针对城市流动人口的服务项目对需求评估提出了更多的要求。流动人口的社会融合是一个逐步同化和减少排斥的过程，是流动人口对城市的主观期望和城市的客观接纳相统一的过程，是本地人口和外来移民相互交往和构建关系的过程（任远、乔楠，2010）。户籍制度被认为是一种"社会屏蔽"（social closure）制度，即它将社会上一部分人屏蔽在分享城市的社会资源之外（李强，2002）。流动人口社会资本的改善和构建能够促进其更快地完成城市化与市民化（刘传江、周玲，2004），同时社会资本在流动人口经济地位获得过程中所扮演的角色极其重要（赵延东、王奋宇，2002）。社会排斥使得城市流动人口沦为"二等公民"，并使城市居民对这些流动人口产生"他群"和"无权者"的刻板印象。在城市管理体制没有根本改革的情况下，长期生活在城市"福利城堡"中的市民，在天赋的而不是通过努力获得的社会资源与竞争方面占据着优势，形成"一等公民"的身份优势意识（朱力，2001）。更深层次的原因在于长期的城乡分割体制造成的影响——市民与农民缺少沟通和社会文化生活背景的差异。进一步思考文化排斥对流动人口社会融合的影响，外来群体可能在心理上拉开与城市的距离，从而逐渐远离主流社会，与主流社会断裂开来，造成社会分裂的问题（李强，1995）。城市流动人口群体的流动性使得需求评估必须做出调整和改变，才能更好地进行服务方案的设计和服务输送，能够更加有针对性和指向性。

"情暖新厦门人"城市融入与社会参与社工服务示范项目需要在设计具体的社工服务方案之前，评估服务区域内流动人口的需求。不同测量方式的结合既可以使社工用不同的观点诠释目标群体的需求，也可以保证方案的设计更契合现实环境和普遍需求。"情暖新厦门人"城市融入与社会参与社工服务示范项目的服务对象为城市流动人口，前期的需求调研能够使社工对社区中流动人口的需求有整体的把握，并且制定服务的目标。但城市流动人口在实际的社区生活中不仅存在较大的流动性，而且其需求也随着生活环境的变化而变化。同时，生计原因和家乡情结导致的流动是无法估计的，从而导致服务有时会突然中断而无法跟进。动态需求评估的提出不仅是对服务需求评估方法的动态更新，也是对服务对象需求的及时跟进，以发掘潜在的服务需求。动态需求评估有助于在城市流动人口的社工服务中以更贴近服务对象的方式设计适切的服务方案。

结合实务操作以及服务方案设计过程，动态需求评估是嵌入在社工服务方案设计过程中的持续性需求评估，结合实证性、解释性和互动性需求评估方式，在服务中动态评估服务对象的需求，并把握其需求的流动性及渐变性。

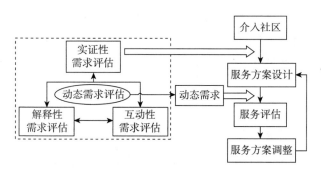

**图 1　动态需求评估过程**

动态需求评估在社工服务方案的设计与调整环节发挥重要的作用。前期的需求调研主要以实证性需求评估为主，通过问卷调查、现有数据资料的收集、分析，了解目标群体的普遍需求以及个体的感受性需求，并通过建档与服务对象建立初步的专业关系。基于前期的需求评估设计社工服务方案，在这一过程中，实证性、解释性、互动性需求评估嵌入服务中，相互补充、相互验证服务对象变化的需求，实现对服务方案的评估，进而调整服务方案。使用动态需求评估方法不仅要关注服务对象的需求变化，还需要其他社工、政府工作人员以及高校教师等不同人员、组织之间的合作，从而多方面、多层次地把握服务社区的整体需求和服务方向。

## 三　"情暖新厦门人"城市融入与社会参与社工服务示范项目需求评估与服务方案设计

"情暖新厦门人"城市融入与社会参与社工服务示范项目依托厦门市新

阳街道进行，在前期的实证性需求评估中主要以收集信息和资料为主，根据个人问题取向的需求设计服务方案，回应城市流动人口的普遍需求和个人的感受性需求。

## （一）前期需求评估方式

### 1. 给服务对象建档

给服务对象建档包括对服务对象的基本信息以及主要需求进行描述，并且初步与服务对象建立良好的互动关系，以便后续服务的开展和跟进。这一阶段，服务对象主要是企业中的流动人口职工、学校转介的流动人口学生以及社区流动人口管理站（所）登记的流动人口。在给服务对象建档的过程中，社工能够在一定程度上接触服务对象，宣传社工服务和"大爱之行"项目，让流动人口了解项目的服务性质和目标，减少社工介入的困难；此外，社工还可了解服务对象基本的服务需求，便于需求调研的进行。这一阶段主要通过对一些基层政府统计资料的查阅以及和服务对象初步接触了解城市流动人口的规范性需求，其局限性在于只能对社区需求进行宏观的把握，这会影响服务方案设计的精准性和严谨性，而且一些统计资料并不是完全针对服务项目覆盖的地理区域，从而只能起到补充和参考的作用。

### 2. 校社合作开展需求评估

"情暖新厦门人"城市融入与社会参与社工服务示范项目运用校社合作的方式进行需求评估，充分发挥高校与社工机构的优势和长处，以服务外包的形式链接资源，并将资源的功能最大化。需求评估阶段主要运用观察法、问卷法、访谈法收集资料。运用观察法主要是在前期观察流动人口的活动场所，包括工作场所、学习场所和生活场所，初步建立流动人口日常生活模式，对其生活环境有整体的把握，构建需求评估的整体框架。运用问卷法主要是收集数据资料，以年龄为界限分别用成人问卷和少儿问卷对城市流动人口目前的情况进行调查，主要包括流动人口的基本信息、职业经历、心理健康及社会行为状况、子女状况、社会适应状况五个维度的情况，确定服务对象对自己需求的认知和感受，能够更深入地了解目前流动人口的生存状况，也对目前的服务情况有更加深刻的认识。运用访谈法能获得更加详尽、有效的叙述性资料，弥补问卷法的不足并深入分析观察中显现的问题，补充之前所忽略的需求，体现服务对象的主体性，使服务对象参与到对需求的探讨中。这一阶段主要通过对社区需求的调查深入了解服务对象的感受性需求。三种研究方法的结合能够使社工较为详细、深入地了解这一地理区域城市流动人口的需求，其局限性在于需要投入较多的时间和人力，而"情暖新厦门人"城市融入与社会参与社工服务示范项目所采用的校社合作开展需求评估的方式能够在很大程度上弥补这一不足。

**3. 以往调研资料**

结合该社区或该区域以往流动人口的数据资料以及调研报告（包括政府、高校、社会组织所做的研究和调查），在宏观、中观层面了解流动人口的需求，把握流动人口的整体情况以及人口构成情况，对服务对象有初步的了解，并对其做初步分类。

**（二）需求评估结果**

户籍制度、社会资本及社会排斥令城市流动人口在个体层面、社区层面、文化及社会层面发生异化。社会融合的需求是以个体或家庭为基本单位，户籍制度所衍生出来的需求主要是流动儿童的教育以及对政策制度的了解，社会资本的匮乏造成经济问题和生计问题，以及过低的社会参与度，而社会排斥从文化和沟通的角度将城市流动人口置于城市的边缘，使得流动人口在心理和文化上都无法融入所生活的社区。工作的不稳定、社会关系的缺乏、制度的限制、福利保障的缺失使得城市流动人口生活在社会的底层和城市的边缘，对家庭或环境改变的适应能力较差，较之本地居民更容易陷入困境。而自身文化程度的局限以及社会参与的缺失使得他们在改变自己的生活环境方面显得更加无力。通过前期的需求评估可以看出，新阳街道城市流动人口在子女教育、学习辅导、职业发展、技能培养、大病困难救助、政策制度了解等方面存在较为迫切的需求。

服务群体在子女教育、学习辅导方面的需求显现出共性，具体表现为父母文化程度较低、辅导孩子学习的能力欠缺，服务群体普遍希望能有针对子女的课外辅导服务。同时，部分家长缺乏亲子沟通意识或与孩子沟通方式不当而导致亲子关系紧张，并且普遍将子女学习成绩差完全归结为其自身不努力，忽视家庭不良沟通模式所带来的影响。服务群体由于工作时间较长、休息时间较少外出等，参与社区活动的意识淡薄，缺乏社区认同感和社会参与感，社会支持系统局限于亲戚、老乡之间，社会关系简单且脆弱，服务对象往往不会主动寻求社区资源的帮助，在职业信息和政策制度信息发布的渠道中处于被动的位置。由于缺乏对本地政策制度的了解，在面对患病、遭灾等突发事故时未能及时申请有关临时救助，或在子女入学受教育的问题上信息接收滞后，这些都直接影响城市流动人口在社区中的生活质量及其对社区的归属感。

可将主要的服务需求归纳为五个方面——生计发展、心理关怀、社会支持、健康教育、城市适应，社工服务方案的设计与执行主要基于这五个方面的需求，需求嵌入社工服务方案中的优先次序应为生计发展、社会支持（主要以流动儿童教育问题、安全问题为主）、心理关怀、城市适应、健康教育。

### （三）需求导向服务方案的呈现

服务方案主要基于前期的需求调研，针对群体比较迫切的需求，大致可归纳为如图 2 所示的五个方面的服务内容：生计发展服务、社会支持服务、心理关怀服务、城市适应服务、健康教育服务。"情暖新厦门人"城市融入与社会参与社工服务示范项目的目的是培养流动人口的新公民意识，加强新阳街道流动人口自身社会融合能力建设，流动人口需求的满足很大程度上也是以社会融入为导向的，服务方案的设计在基于需求的前提下促进项目目标的达成。由此衍生出 13 个具体的服务领域——困难家庭帮扶、家庭矛盾调解、就业援助、技能培训、青少年行为矫正、儿童学习辅导、青少年社交能力培养、心理情绪健康调解、医疗救助咨询、权益维护、政策法律咨询、生育关怀服务、疾病预防宣传与咨询。这一阶段服务方案的设计主要是从服务对象的表达性需求出发，以个体问题为切入点进行社工服务介入，主要是以个案和小组服务为主。服务方案的设计主要是根据需求的迫切性以及需求的特殊性、普遍性进行个案和小组服务的区分。在个案服务中，根据服务对象不同的服务需求再细分为咨询个案、辅导个案和重点个案。

服务方案设计的逻辑主要是从个案、小组服务入手，再逐渐扩大到社

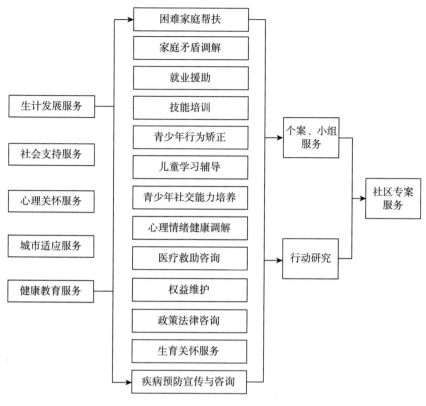

**图 2  社工服务方案**

区专案服务。在服务过程中通过定期督导、举办阶段性的会议以及对文书资料的评估挖掘行动研究的议题。在提供服务的过程中，社工趋向于做行动的社工、研究的社工，而不仅仅局限于做活动的社工，培养自身在服务过程中反思的意识，再以行动研究的思路引导社区专案服务的脉络。前期的个案、小组服务及跟进也为社区专案服务提供了参考，起到推进的作用。得到改变的服务对象提高了参与社区活动的积极性和能动性，对项目服务的熟悉感也能够凸显或彰显他们的主体性，能够去发声、去倡导社区的改变。

## 四  动态需求评估嵌入社工服务

关注服务项目的成效与影响，需要分析方案的构成要素以检验服务是否能够达到预期的成效。在"情暖新厦门人"城市融入与社会参与社工服务示范项目中以服务对象的需求为设计服务方案的主要考量，动态需求评估能够保证服务与需求持续匹配。在这一过程中，动态需求评估需要关注服务过程中社区需求的变化、服务对象需求的变化、潜在服务对象需求的增加和更新，需要在服务过程中不断地挖掘服务对象的需求并进行反思，再反向反馈到服务方案设计中，进行服务方案的调整。项目中的动态需求评估主要体现在需求的切入点上，由前期的实证性需求评估，转变为解释性、互动性需求评估，服务方案设计的介入视角发生变化，服务的层次也随之调整。

## （一） 动态需求评估的方式

在"情暖新厦门人"城市融入与社会参与社工服务示范项目中，动态需求评估的方式主要有定期的需求调研、持续的服务评估、阶段性的督导会议。其中需求调研也是采用校社合作的方式，每半年对服务覆盖的地理区域内的城市流动人口进行需求评估，确保动态需求数据库的时效性，使得需求评估能够跟上人口流动的情况以及服务对象的变化，并且兼顾新进入社区的流动人口的需求情况。由于流动人口具有流动性特征，定期的需求评估使得社工服务能够适应这一特性。在与企业、学校和居委会接触的过程中，社工针对其中一些困难家庭和危机家庭进行入户探访，了解他们的家庭环境和家庭结构，进行需求评估，了解家庭成员生理健康、情绪及家庭经济状况、支持网络、家庭重要事件，概括家庭的主要问题及需求。在这一过程中，社工与服务对象建立良好的互动关系，分析城市流动人口家庭的迫切需求，制订危机家庭的社工介入方案。服务过程中关注服务对象的行为、思维方式的改变，通过观察、沟通、家访等形式了解其解释性和互动性需求。持续的服务评估则要求社工在服务过程中关注输入的服务、输出的活动和成果，根据服务对象的变化以及在服务中显现出来的隐性需求调整服务方案，从而适应新的需求，同时也要关注服务对象寻求协助或介入的需求，在服务过程中回应服务对象的需求。阶段性的督导会议则提供了反思的机会，个别督导和团体督导让社工思考服务对象的深层次需求以及整个项目在实施过程中服务对象在不同的活动中体现出来的共性需求，对需求的切入点以及需求层次的反思能促进后续服务方案的完善。动态需求评估关注更多的是服务对象的表达性需求、潜在服务对象的感受性需求以及社工在服务中通过反思得出的隐性需求。

## （二）需求切入点的变化

### 1. 从显性需求到隐性需求

基于前期需求调研所设计的社工服务方案着重服务对象所描述和表达的显性需求，往往集中在一些比较现实的问题上，如生计问题、子女教育问题、青少年网瘾问题，使得服务倾向于问题取向的服务。服务对象的某些需求（如经济需求）往往无法通过直接的社工服务得到满足，社工只能为服务对象链接资源。而子女教育问题也集中体现为流动儿童就学问题，这需要政策层面上的改变，使得流动儿童能够进入公办学校就读。这些问题的解决取决于社工与社区、政府长期的努力及经济的发展等，不是短期的介入能够解决的。在服务过程中，社工发现，服务对象存在一些隐性的需求，但往往被忽略。

访谈时遇到一个典型的案例，少年 A 的母亲认为孩子学习不认真和有网瘾是目前家庭中最大的危机，调查员就将最迫切的需求归结为子女教育问题，而当社工想要针对 A 的网瘾开展个案工作时，却发现家庭中最为迫切的问题是成员之间的沟通问题，A 的厌学和网瘾行为是父亲对他的忽视、母亲对他的责备以及父亲对母亲冷淡的态度导致的。对 A 和他的家庭来说，最迫切的需求从教育问题变成了家庭沟通结构的问题，从显性需求转为隐性需求，并且隐性需求得到满足的同时，显性需求也得到了满足。

需求的切入点从显性需求转为隐性需求能够为社工服务提供更多的可能性，而不是局限于一些超出社工能力范围的宏观问题，能够为社工提供微观的切入点，更容易凸显成效。

### 2. 从个体切入到家庭切入

基于前期需求调研所设计的社工服务方案的一个局限就是个体问题导向。其往往忽略家庭系统对服务对象的影响，把服务对象当作独立于家庭生态系统的个体，导致服务对他的改变难以在家庭生活中维持，服务对象回归家庭后基本变回原来的样子，改变的成果无法延续。比如家暴，如果只去解决家暴问题，这个问题还会出现；只有切入受家暴者的家庭，构建良性的沟通模式、建构正常的家庭结构，才可能看到服务对象的成长与家庭的改变。基于此，社工转变切入点，从个体切入转变为家庭切入，将个人的问题放回到家庭环境中分析，在流动人口家庭中建立家庭支持体系，这样的改变才更有说服力和延续性。

### 3. 从单一需求到需求分层

单一的需求介入使得社工在提供服务的过程中充满了无力感，服务对象的感受性需求往往停留在最显而易见的经济问题上，服务对象不会主动去深入挖掘自己的潜在需求。社工针对经济问题介入服务对象的家庭，往往只能收获一个个困难消极的故事，并不能有效地改变这样的现状，导致许多社工在服务初期对自己的能力和工作产生怀疑，对所服务的家庭也产生移情的现象。例如，社工会很同情他们的遭遇，同时也为自己没能帮上忙而愧疚。单一的需求介入使得社工的作用和服务的领域受到限制，而社工的挫败感也来自自身能力没有发挥的空间，价值理念被现实所冲击。在C家庭中，项目社工一开始往往只关注到服务对象的表达性需求，将家庭矛盾聚焦在经济需求上。对这一需求，社工无法直接给予满足。后来社工转换思维，在与服务对象沟通后，将需求分类并且排序，从简单易满足的需求入手，介入家庭沟通问题、资源链接问题，随后经济需求也在这一过程中得到一定的满足。从单一的需求介入转向需求分层的介入能够使社工更清楚地看到服务对象的需求，社工按照需求的迫切程度排序，再从能够通过社工服务达致改变的需求层面切入，并不断地评估这一需求的满足是否也能够在一定程度上满足其他需求。需求之间往往存在一定的关联性，需求分层不仅能够使社工从较为容易的层面介入，也能够提升服务对象对社工的信任感和接纳程度。

### （三）服务方案的调整

基于服务过程中的需求评估理念，服务方案的调整倾向于以项目发展的逻辑模式为框架，能够清楚地把握处理问题的流程或提供服务的过程，同时又能够持续聚焦于输出的成效。成效评估能够标准化测量工具，测量服务对象对社工服务的满意程度并及时反馈，使社工进一步调整服务方案，同时服务对象的改变也能够通过标准化或特定的量表加以测量，而行动研究议题在实践中的体现以及社工在实务过程中的反思，也为服务方案的日臻完善提供指引。

　　动态需求评估的反思性使得一些讨论、督导、阶段性总结会议需要与服务方案相结合，定期对服务成效进行过程评估和反思。社工要强化行动研究的意识，主动在服务实践中思考和反思。需求切入点的变化使得服务方案也要做相应的调整，服务转向更加关注家庭的需求，针对城市流动人口的社会融入与社会参与服务从以独立个体为单位转向以家庭为单位，小组更多地关注亲子关系以及沟通技巧方面的需求，个案工作则通过了解整个家庭的关系细化到个体服务上。

## 五　总结与建议

### （一）动态需求与服务方案设计

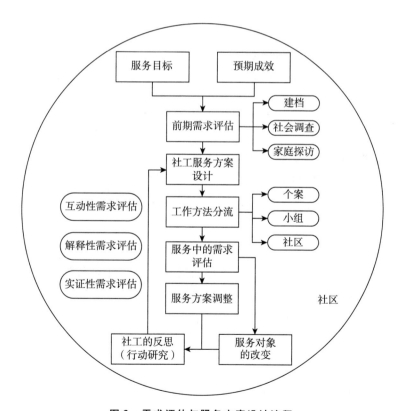

**图 3　需求评估与服务方案设计流程**

服务方案设计前期主要基于项目的服务目标和预期成效，并且结合从给服务对象建档、社会调查、家庭探访三个渠道收集的资料所做出的社区需求评估，再根据需求的特殊性和普遍性分流个案、小组、社区三种方法，以个案和小组服务作为整个项目前期的主要服务形式，并在具体的服务中强调阶段性和对服务过程的反思与总结。结合服务过程中所进行的新的流动人口需求调研以及服务对象的满意度、更深层次的需求，对服务方案做出导向性的调整，检视服务对象的改变程度和社工服务的进程，强调行动研究在实践中的理念，在行动中反思，在反思中完善，转变服务方案设计的理念。从原来关注服务对象的显性需求到挖掘其隐性需求、从个体切入转变为从家庭切入、从单一的需求介入服务模式转换为需求分层、循序渐进的服务模式，注重服务的延续性和承接性，结合实证性需求评估、解释性需求评估和互动性需求评估的动态测量，使得服务对象的需求变化能够得到更加清晰的呈现。

"情暖新厦门人"城市融入与社会参与社工服务示范项目主要依托新阳街道介入城市流动人口的问题，其优势在于需求评估系统、全面、覆盖面广且具有时效性，并且服务方案设计与动态需求评估相互促进，使得社工服务能够调整方向。而动态需求评估主要基于校社合作的方式，链接高校资源并且将一部分服务外包，充分利用高校的人才优势和专业优势，压缩项目社工的时间成本和精力成本，互相调动最优资源到最适合的位置，使得这一体系内的需求与服务方案设计之间能够实现有效的循环。

### （二）动态需求评估的不足

（1）大量人力资源的投入。动态需求评估需要投入大量的人力资源才能够满足前期大规模的实证性需求评估的要求，并且动态数据库的持续更新需要有固定人员进行管理并进行数据分析。如果无法与社会组织或高校进行合作，这样大的数据采集和分析工作会让社工承担较大的工作量却无法保证其成效。

（2）对社工专业性的要求。无论是在前期的实证性需求评估还是服务中的三种需求评估的动态测量，都对社工的专业性提出了较高的要求。社工要拥有良好的数据分析能力和敏锐的洞察力，能够发现服务对象行为变化、态度变化背后所隐藏的需求，并且能够及时地调整服务方案，确保服务的有效性。

（3）需求评估的持续性。动态需求评估要求需求评估在整个服务过程中保持持续性，要注重服务中的评估、督导和反思。但是目前缺乏完善的评估体系，难以明确在整个动态需求评估的过程中社工的角色或社工所需要承担的任务，会使得变化的需求无法及时反馈到服务中，并且需求评估的持续性也无法保证。

## 参考文献

奥古斯特·孔德，1996，《论实证精神》，黄建华译，商务印书馆。

陈锦棠，2008，《香港社会服务评估与审核》，北京大学出版社。

邓锁，2014，《社会服务递送的网络逻辑与组织实践——基于美国社会组织的个案研究》，《社会科学》第 6 期。

顾东辉，2008，《社会工作实务中的需求评估》，《中国社会导刊》第 33 期。

侯钧生主编，2006，《西方社会学理论教程》，南开大学出版社。

黄松林、赵善如、陈宇嘉、万育维，2007，《社会工作方案设计与管理》，台北：华都文化事业有限公司。

李培林，1996，《流动民工的社会网络和社会地位》，《社会学研究》第 4 期。

李强，1995，《关于城市农民工的情绪倾向及社会冲突问题》，《社会学研究》第 4 期。

李强，2002，《户籍分层与农民工的社会地位》，《中国党政干部论坛》第 8 期。

李涛、任远，2011，《城市户籍制度改革与流动人口社会融合》，《南方人口》第 3 期。

刘传江、周玲，2004，《社会资本与农民工的城市融合》，《人口研究》第 5 期。

刘丝雨、许健，2012，《论参与式行动研究在社会工作需求评估中的应用》，《福建论坛》（人文社会科学版）第 7 期。

马克斯·韦伯，1997，《经济与社会》，林荣远译，商务印书馆。

Peter M. Kettner, Robbert M. Moroney, & Lawrence L. Martin，2013，《服务方案之设计与管理》，高迪理译，台北：扬智文化事业股份有限公司。

渠敬东，2001，《生活世界里的关系强度——农村外来人口的生活轨迹》，载柯兰君、李汉林主编《都市里的村民：中国大城市的流动人口》，中央编译出版社。

任远、乔楠，2010，《城市流动人口社会融合的过程、测量及影响因素》，《人口研究》第 2 期。

万仞雪、林顺利，2014，《社会工作评估活动理论取向之反思》，《黑龙江社会科学》第
2 期。

王春光，2004，《农民工的国民待遇与社会公正问题》，《郑州大学学报》（哲学社会科
学版）第 1 期。

赵延东、王奋宇，2002，《城乡流动人口的经济地位获得及决定因素》，《中国人口科学》
第 4 期。

朱力，2001，《群体性偏见与歧视——农民工与市民的摩擦性互动》，《江海学刊》第
6 期。

# "三社联动"的老年社区照顾及人文关怀

## ——以居家养老合作社——社会工作介入特殊老人社区照顾服务项目为例

陈安娜　吴耀健*

**摘　要：**"三社联动"作为一种社会治理机制发源于重庆，即"以社区为平台、以社会组织为载体、以社会工作专业人才为支撑"。2015 年，"三社联动"机制建设成为民政部推动的社区治理创新的主题，强调社区自治功能、激发社会组织活力和壮大社会工作队伍。本案例所介绍的居家养老合作社——社会工作介入特殊老人社区照顾服务项目，就是一个在养老议题上落地探索和丰富"三社联动"机制内涵的例子。这一项目推动了社工机构与居家养老服务社会企业跨团队、跨机构分工工作模式的形成，初步建立了社区照顾（生活照料、健康照顾）和社区关怀（家庭关怀、邻里关怀、义工关怀和老人互助平台）两个体系，并初步针对高龄独居老人、高龄空巢老人两个特殊老人群体探索了以老人为中心的社工介入模式。基于对国内外及安徽省合肥市居家养老服务的现状和不足的认识，笔者认为该社工机构在孵化社区照顾组织、使服务覆盖社区零散老年群体、提供人性关怀服务等方面体现了社工介入居家养老服务的专业价值。未来，养老议题的"三社联动"机制需要政府逐步明确居家养老服务的定位，不能停留于一

---

\* 陈安娜，香港中文大学社会工作与社会行政系 2015 级在读博士生，研究方向为社区社会工作、女性主义社会工作、公民社会组织；吴耀健，顺德职业技术学院社会工作专业讲师，中山大学社会工作教育与研究中心特约研究人员，国家中级社会工作师，研究方向为青少年社会福利与社会服务、社会工作机构运营与项目管理。

刀切的、企业参与其中的家政服务，要鼓励民间非营利组织多元化参与，让专业化社工服务经验得以推广和完善。

**关键词：**居家养老服务　居家养老合作社　"三社联动"
社会工作

## 一　国内外居家养老服务的发展现状及反思

随着人口老龄化进程加快，养老问题日益引起社会重视，20 世纪 90 年代末上海、大连等地开始了居家养老服务模式的探索。居家养老，简而言之就是"在家养老"，老人不脱离家庭和所在社区也能过上幸福生活，目前是我国养老服务体系的重要组成部分。《中国老龄事业发展"十二五"规划》指出，我国要建立"以居家为基础、社区为依托、机构为支撑的养老服务体系"，居家养老服务领域要"实现从基本生活照料向医疗健康、辅具配置、精神慰藉、法律服务和紧急救援等方面延伸"。[①]

通过在城市化速度较快、经济发展较好的城市的试点工作，我国的居家养老服务被列入从体制改革前"企业办福利"模式向福利改革后以社区为福利新载体转变的"社会福利社会化"背景下重点推出的以社区为基础的老年照顾服务项目（Leung&Wong，2002；Xu，Gao，& Yan，2005，转引自陈伟，2013）。社会福利社会化的理论背景之一是福利多元主义，这一关于国家、市场、家庭和社会等多元主体共同回应社会福利需求的理论缘于对福利国家危机的反思，即由政府作为社会福利提供的唯一主体已经行不通了。不过，有学者认为，我国目前居家养老服务的福利性不足、市场化程度不够（冯晓娟，2012），无法解决老年人的安全保障、现有社区公共设施缺乏、缺乏系统专业的服务的问题（王波，2009）。

为了促进养老服务业发展，我国政府十分重视对社会力量的培育。《国务院关于加快发展养老服务业的若干意见》（国发〔2013〕35 号）指出要

---

① 《中国老龄事业发展"十二五"规划》，http://www.gov.cn/zwgk/2011 – 09/23/content_
1954782.htm。

"充分发挥社会力量的主体作用"①。2015 年，民政部等十部委联合发布《鼓励民间资本参与养老服务业发展政策意见》，要"通过政府购买服务、协调指导、评估认证等方式，鼓励民间资本举办家政服务企业、居家养老服务专业机构或企业，上门为居家老年人提供助餐、助浴、助洁、助急、助医等定制服务"，并针对民办的非营利性养老机构和营利性养老机构制定了较为详细的税费优惠政策。②

可见，我国政府对于参与养老服务的社会力量并不过分强调其非营利性，而是对营利性养老机构和非营利性养老机构都给予政策性支持。事实上，营利性养老机构往往还在居家养老服务中占了上风。本案例中的居家养老合作社——社会工作介入特殊老人社区照顾服务项目所在地合肥市即是如此。据项目实施方介绍，当地政府购买居家养老服务的服务实体目前基本上都是企业或有企业背景的非营利性养老机构。

居家养老服务的社会福利社会化有其弊端，对此可以参照英国社区照顾的经验。英国社区照顾是在福利多元主义的影响下产生的，其数十年的发展经验对我国本土化社区建设情境下的居家养老服务是很有借鉴价值的。Nolan 等在《老人照护工作：护理与社工的专业合作》一书的开篇即指出，社区照顾在英国的发展充满矛盾和冲突，原因在于同时强调以需求为导向、资源有效运用和成本效益控制。各服务机构中充斥着不相往来的本位主义，而原本社区照顾的理念和精神，例如老年人的尊严、独立和自主，早已在评估量表、个案分类和各种成本掌控机制中消失（Nolan, Davies, & Grant, 2004）。

另外，Nolan 等还通过回顾针对老年人的研究，指出英国许多老年人住在家中，虽有配套的健康和福利服务，但仍过着没有希望的生活，他们甚至认为自己已经没有生存的价值（Nolan, Davies, & Grant, 2004）。这给我国居家养老服务的启示是，需求导向原则与成本效益原则之间可能会存在很多冲突。我们也许还可以参考批判老年社会学（critical gerontology）的观

---

① 《国务院关于加快发展养老服务业的若干意见》，http://www.gov.cn/zwgk/2013 - 09/13/content_2487704.htm。

② 《鼓励民间资本参与养老服务业发展政策意见》，http://www.mca.gov.cn/article/zwgk/fvfg/shflhshsw/201502/20150200777798.shtml。

点，即以充权的概念为基础，用相互协助、彼此扶持的概念取代独立的概念，进一步思考该如何透过制度、专业的再建构协助老人过得更加幸福（Minkler & Estes，1999），从而实现我国居家养老服务的政策初衷。

## 二　项目实施地及项目实施方的居家养老服务概况

民政部与李嘉诚基金会"大爱之行——全国贫困人群社工服务及能力建设"项目（以下简称"大爱之行"项目）对资助项目提出了五个基本要求，即专业性、效益性、创新性、示范性和可行性。本案例所介绍的"居家养老合作社——社会工作介入特殊老人社区照顾服务项目"的首要特点就是专业性。在笔者看来，其专业性首先表现在项目实施方合肥市爱邻社会工作服务社（以下简称爱邻）是项目实施地合肥市为数不多的参与居家养老服务的非营利性社工机构。秉持社会工作的人道主义价值观，该机构在开展居家养老服务时尤为看重关怀层面的服务，例如老年人的精神慰藉、老年人的邻里互助。在具体介绍该项目之前，我们首先来了解合肥市及爱邻开展居家养老服务的整体情况，以把居家养老合作社——社会工作介入特殊老人社区照顾服务项目放在社区整体层面进行观察。

### （一）合肥市居家养老服务的整体情况

合肥是全国较早试点居家养老服务的城市之一，但全面推广居家养老服务只有两三年的时间。2013 年，合肥市民政局、市财政局、市老龄办发布《合肥市政府购买居家养老服务实施方案》，将居家养老服务外包给在工商或民政部门正式登记注册的社会企业、社会组织或民办非企业单位，对具有本市户籍的 70 岁及以上低保老人、70 岁及以上空巢老人（无子女）、90 岁及以上高龄老人，每月提供 600 元政府购买居家养老服务补助，服务内容包括生活照料服务、医疗保健服务、家政服务、紧急救助服务及精神慰藉服务 5 大项 38 小项服务。

从 2013 年 9 月起，合肥市政府在全市统一公开招标，确定安徽省社家老年服务中心等 5 家专业服务机构作为实施单位，引导和支持社会力量进入居家养老服务行业。爱邻也参与了此次竞标，但被服务购买方告知标书制作有误，失去了竞标资格。一个由餐饮公司成立的养老机构"佰家伴"中标，成为在爱邻所在的合肥市包河区内提供市级政府购买居家养老服务的机构。此后，经过机构理事会决策，爱邻没有再申请市级政府专项购买居家养老服务，而是在街道购买的服务项目中设置老年服务项目，以及申请居家养老公益项目。相对高级专项，这些项目的资金量小、人员配备少、服务面相对较窄，但机构对服务内容、服务标准与服务指标的设计更有灵活性和自主权。

合肥市居家养老服务的发展很快，2013年9～12月服务人次达7.77万，到2015年6月，服务人次上升到348.3万，近万名合肥市民使用了"居家养老服务券"。市民政局工作人员认为，"该项目的实施在满足特定老年人群居家养老的基本需求、培育提升社会组织服务能力、壮大服务人员队伍、促进社会建设和政府公共服务水平提升等方面发挥了重要作用"。

在服务覆盖面扩大的同时，据安徽媒体《市场星报》报道①，合肥老人在享受"居家养老服务"的过程中也遇到了一些问题和尴尬。很多老人反映，服务商配送的产品和提供的服务价格比市场上高，有人估算600元服务券抵不上300元现金用。同时，服务或产品的质量存在问题，包括服务差、饭菜品种单一、送到家里的饭菜是凉的等。对此，一些老人建议，希望政府能把"居家养老服务券"换成消费券或现金，可以到指定的商家购物或就餐。

面对批评，合肥市进行了政策性调整。2014年颁布的《合肥市居家养老服务规范》指出，除政府购买居家养老服务补助对象外，有服务需求、自愿自费购买服务的老年人，也可向社区（村）居家养老服务工作站提出服务申请，由居家养老服务工作站指派助老服务员提供有偿服务。同年，《合肥市居家养老服务机构建设基本规范（试行）》颁布，提出建设县（市）区（开发区）居家养老服务指导中心、街道（乡镇）居家养老服务中心、社区（村）居家养老服务站三级工作机构和服务网络。2015年的政策性调整则包括：政府购买的居家养老服务项目交由各区（开发区）自主实施；逐步建立特殊对象分级分类服务机制，"拟新增失能失智老人保障，

---

① 《"居家养老服务"调查引关注，合肥市民政局回应称配送的产品和服务确实高于市场价》，《市场星报》2015年3月20日。

并适当调整现有 90 周岁以上老人受益面，对长期卧床并长期聘用护理员的老人，探索采取购买护理服务的方式提供服务，凭劳务市场用工协议，实行直接结算"；充实、细化服务内容，"在老人服务需求比较旺盛的配餐项目上，各区民政部门和服务机构已经在采取多种措施，如服务机构与老人事先约定送餐时间和地点。将当地社区食堂纳入服务体系，就近提供服务等"。

### （二）爱邻的居家养老服务项目

根据爱邻实施的"2013 年合肥市包河区特殊老人养老服务需求调查"[1]，居家养老和机构养老占包河区老人青睐的养老模式的九成以上，被调查者中有 844 位老人选择居家养老，占调查总体的 58.2%。这一数据在一定程度上反映了包河区老人对于居家养老是比较接受的。此外，这次调查不仅反映了包河区特殊老人对基本生活照料服务、便民服务和医疗康复保健服务这些一般居家养老服务所能覆盖的照顾类需求，也反映了老人对被关怀（如节日慰问、帮扶救助和家庭探访）和参与社区活动（如邻里互助、志愿服务）的关怀类需求。满足照顾类需求及关怀类需求便成为爱邻居家养老服务的目标。其中对老人关怀类需求的重视，是爱邻认为自身与合肥市政府购买居家养老服务相比较为有优势的地方，是社工服务老年人群体的专业性所在。

2014 年，为了贯彻落实"1 + 4"社会服务政策，合肥市各地加快了基层社会服务平台建设，探索在街道设立社会服务中心，[2] 爱邻承接了合肥市包河区芜湖路街道和包公街道两个社会服务中心的政府购买服务。以芜湖路街道社会服务中心 2015 年的工作内容为例，服务协议规定了以下七项服务内容[3]：

---

① 此次调查的对象是四大类型特殊老人，包括 80 周岁及以上的高龄独居、高龄空巢老人；60 周岁及以上低保特困、重病大病、失能半失能老人；60 周岁及以上孤寡老人；55 周岁及以上失独老人。本次调查回收了 1450 份有效问卷。

② 2014 年，合肥市民政局会同市发改委、财政局、人社局全面启动基层社会服务平台认定工作，经过第三方评估、实地考察、公示等环节，全市共有 8 个中心、16 个站点通过首批认定，市财政局分别按 20 万元、10 万元标准拨付了一次性奖补资金。蜀山区、包河区已实现街（镇）、居（村）基层社工服务平台的全覆盖。

③ 资料来源：《2015 年关于芜湖路街道社会服务中心（南部）服务协议》。

（1）辖区老旧、无主管的小区信息化服务；

（2）特殊人群网格化服务，具体包括居家养老服务、低保家庭服务等；

（3）配合甲方开展迎检汇报、服务宣传等；

（4）以社区社会服务站为阵地，在街道和社区的指导下，定期开展各项宣传教育、综治安全、文化体育等活动；

（5）依托公益组织家园项目，对社区社会组织联合会的运转给予技术支持；

（6）积极协助各个社区社会服务站活动的开展，完成两个社区社会服务站的验收工作；

（7）配合甲方在老旧、无主管小区开展其他社会服务工作。

跟 2013 年签订的服务协议相比，2015 年签订的服务协议增加了（5）、（6）两项，按项目划分，街道购买了三个服务项目，为老服务是其中之一。获批的预算中，专职社工由 2 名增加至 4 名，总预算从 32.1 万元增加到 49.54 万元。这促使爱邻配备了专职老年社工，居家养老服务的资源有所增加。另外，爱邻还聘请了网格员，协助社工进入社区排查居民情况，也会协助老人做一些力所能及的事情，例如更换灯泡、代购、陪送。

街道购买的居家养老服务主要针对低保特困老人和优抚老人。由于经费相对有限，因此采用的是以居民低偿消费加项目补贴的形式，居民自费占 40%，项目补贴占 60%。有了在街道社会服务中心的平台上开展"为老服务"的经验，爱邻希望通过居家养老合作社——社会工作介入特殊老人社区照顾服务项目进行居家养老服务模式的探索，聚焦于高龄独居老人和高龄空巢老人。

爱邻向安徽省民政厅"江淮社工行动"项目申请资金来支持包河区失能老人①的居家养老服务，服务周期为 2014 年 12 月到 2015 年 7 月。一对一康复服务是失能老人项目的一个重要内容，其目标是：①让轻度失能或

---

① 失能老人是指日常生活功能出现障碍的老人，日常的生活自理能力部分或全部丧失，包括行走、吃饭、穿衣、洗澡、如厕、上下床。在日常生活中，有上述 1~2 项功能不能独立完成的老人为"轻度失能"，有 3~4 项功能不能独立完成的老人为"中度失能"，有 5 项以上功能不能独立完成的老人为"重度失能"。

者中度失能的老人掌握至少 3 种康复锻炼方法，并且督促服务对象经常锻炼，逐渐改善自理状况；②对有明显痛感的服务对象，通过实施家庭健康计划，能够明显减轻痛感；③消除服务对象照护者至少 1 种照护误区。

有了以上三个服务项目，爱邻就可以更好地扎根合肥市包河区，针对特殊老人分类开展居家养老服务。街道居家养老服务项目面向低保特困老人和优抚老人，安徽"江淮社工行动"项目为残障失能老人提供康复服务，居家养老合作社——社会工作介入特殊老人社区照顾服务项目则面向高龄独居老人和高龄空巢老人，三个项目分别关注不同的老年群体。由于独立承接了包河区两个街道社会服务中心的政府购买服务，并深入社区建立服务站，爱邻能够整合社区资源为老年人提供更全面的服务，并在项目结束后，去策动政府、街道继续为老年人群体提供福利资源。

## 三　居家养老合作社——社会工作介入特殊老人社区照顾服务项目的"三社联动"机制

由爱邻承接的居家养老合作社——社会工作介入特殊老人社区照顾服务项目获得"大爱之行"项目办公室重点示范项目的 20 万元资助，安徽省民政厅和包河区民政局分别配套 10 万元和 7 万元，项目的直接受益人群是纳入居家养老合作社的 100 名社区特殊老人，间接受益人群是服务对象的家庭成员、社区内的"4050"待业人群、社区工作者及志愿者共 70 人，项目周期为 2014 年 7 月 15 日至 2015 年 12 月 30 日，服务覆盖范围为合肥市包河区芜湖路街道和包公街道所辖的 20 个社区。

项目中的居家养老合作社包括社工机构、居家养老服务公司两个部分。社工机构在社区内建立居家养老服务设施和场地、居家养老服务团队和各项规章制度，服务对象及其家属本着自愿原则，与服务提供方（爱邻）签署服务协议和"项目告知确认书"，由服务提供方安排居家养老服务，满足老人的生活照料、健康娱乐、精神关怀等多方面的需求，使老人在不改变生活环境的前提下提高生活质量。

**表1　居家养老合作社——社会工作介入特殊老人社区照顾服务项目"项目告知确认书"中的服务内容**

| 服务类别 | | 服务方式 | 服务价格 | 建议频次 |
|---|---|---|---|---|
| 第一类：家庭访视（精神慰藉） | | 上门问询（了解服务需求、跟进评估服务等） | 免费 | 1次/月 |
| 第二类：生活照料类 | 1. 家政保洁 | 按照老人需求上门服务 | 90元/次（3个小时） | 1次/月 |
| | 2. 擦洗油烟机 | 上门服务 | 90元/次 | 根据需求而定 |
| | 3. 外出陪同（就医、办事） | 按照老人需求上门服务 | 30元/小时 | 根据需求而定 |
| | 4. 综合维修 | 按照老人需求上门服务（材料费另算） | 30元/次（上门费） | 根据需求而定 |
| | 5. 理发理容 | 上门服务 | 30元/次 | 1次/月 |
| | 6. 清洁指甲（限手指） | 上门服务（工作人员上门附带服务） | 10元/次 | 根据需求而定 |
| | 7. 适老性住房改造 | 评估老人住房环境，工作人员上门服务 | 每次材料费加人工费不超过100元 | 根据需求而定 |
| 第三类：基础类健康服务 | | 基本健康监护（血压、血糖、心率、呼吸） | 20元/次 | 根据需求而定 |
| | | 护理 | 50元/次 | 根据需求而定 |
| | | 推拿按摩（颈部、背部、四肢、足底）；康复训练及饮食指导 | 50元/次 | 根据需求而定 |
| 第四类：关怀类服务 | | 节日慰问活动 | 免费 | 自愿报名 |
| | | "老有所学，老有所乐"活动小组 | 依具体情况确定 | 自愿报名 |
| | | "爱心餐桌"服务 | 60元/次 | 自愿报名 |

注：1. 以上收费服务项目均由项目办发放服务卡进行刷卡结算，服务对象不需要支出任何现金（除个别服务项目的材料费外）。

2. 以上服务为基础服务，如增加服务内容，由项目办社工统一告知；服务对象的个别化服务由社工跟进安排。

在"三社联动"机制中，社工主要是协调者或经纪人的角色，正如居家养老合作社的项目社工所说："之前培训时，老师强调社工的专业性很大程度上取决于社工的价值观，以及操作的规范性。秉持社工的助人自助，我们不但提供资源，而且优化、整合资源。"我们可以将这一"三社联动"机制总结如下："三社联动"机制是以社区的高龄独居老人和高龄空巢老人①为重点服务对象，由社工发挥统筹作用，将其中有服务需求的特殊老人纳入居家养老合作社，结合社工、社区和社区社会组织三方的力量提供家庭访视、生活照料、健康服务、关怀类服务等综合性公益服务的新型社会治理模式。

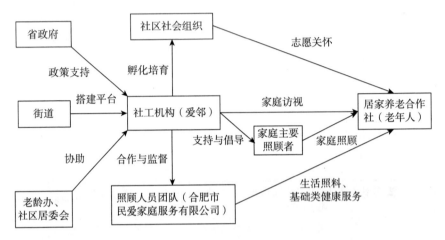

**图1　居家养老合作社——社会工作介入特殊老人社区照顾服务项目的"三社联动"机制**

这一机制的具体安排如下。

**（一）省政府提供政策支持，街道搭建服务平台，老龄办、社区居委会进行协助，让爱邻在社区获得官方认可的居家养老服务提供者身份**

在获得"大爱之行"项目资助之前，爱邻便已承接街道成立的社会服务中心的政府购买服务并建立了社区服务站，有了工作阵地开展居家养老服务，积累了针对低保特困老人和优抚老人的居家养老服务经验，这些经验是建立居家养老合作社的基础。例如，依托街道开发的社区为老服务信息平台，居家养老合作社能够为特殊老人提供紧急呼救、服务呼叫、信息提醒等服务。通过开发社区服务"一卡通"，居家养老合作社采用刷卡服务方式开展社区照顾服务，有助于提升服务效率、改进服务管理。

---

① 本项目中的高龄独居老人是指年龄在75岁及以上且一个人居住，有子女但不与子女一起居住的老人；高龄空巢老人是指年龄在75岁及以上且与配偶一起居住，有子女且但不与子女同住的老人。

爱邻获得"大爱之行"项目资助后,安徽省民政厅推动省文明办、省民政厅、团省委出台支持"大爱之行"项目开展的政策文件,省民政厅和合肥市民政局为该项目提供配套资金。有了省民政厅的支持,加上街道社会服务中心原有的服务空间,爱邻有了官方认可的身份,与服务范围内的20个社区居委会建立了合作关系。在项目开展的第一个月,项目组首先进行内部的社工能力建设,同时与街道对接2次、与5个社区对接1次,获得社区上报的20名80岁以上的高龄独居、空巢老人名单,随后,社工入户访视包公街道26人、芜湖路街道18人,共计44人。因此,项目的顺利推进,离不开街道和居委会的支持。

老龄办G主任非常热情,向我们介绍老人的居住及经济状况,并亲自带我们了解活动场地,使大爱社工对老人的社区资源有了基本了解,便于后期活动的开展。……第一次上门访视,我们借助行政力量一起上门。老人被骗(次数)多了,警惕性很高,我们单独去接触,一天可能只能接触到一两个,如果有居委(会)人员,可以接触四五个,少吃点"闭门羹"。(项目社工)

## (二)吸收社区"4050"待业人员,建立专门的居家养老服务公司,促进基础社区照顾服务的专业化,扩充常规性基础社区照顾力量

在本项目中,爱邻吸纳社区及周边的"4050"待业人群,孵化出专门的居家养老服务社会企业——合肥市民爱家庭服务有限公司(以下简称民爱公司),为老年人建立以生活照料和基础健康服务为主的社区照顾体系。

民爱公司成立初期,照顾员团队也在爱邻里,照顾员与社工互动频繁,合作较为默契,社工为服务对象安排照顾服务的效率较高。如果是找市面上缺少合作基础的家政公司,社工的沟通成本就增加了。民爱公司单独分出去后,专业分工就更加清晰,社工可以更加专注于老年直接服务的拓展,在基础照顾服务方面主要是监督的角色。

社工在家庭访视中,服务对象可以向社工表示对近期接受的基础服务(民爱公司提供)是否满意,目前基本上没有从社工(那儿)获得

服务对象给工作人员差评的反馈。此外，行政派单人员通过 62589958 的呼叫热线也可以接收服务对象的服务需求和服务反馈，如果老人不愿意跟社工讲照顾服务人员不好，可以通过服务热线去讲。（民爱公司总经理）

社工小张得知家住芜湖路街道 W 社区的社员丁奶奶家中阳台瓷砖脱落严重，奶奶担心阳台倒塌。社工在与服务人员上门进行确认后，认为可以帮助老人家将阳台瓷砖进行清理，同时打上腻子美化阳台。在经过多次施工后，困扰丁奶奶的瓷砖问题终于得到了解决，奶奶很高兴。（《居家养老合作社——社会工作介入特殊老人社区照顾服务项目简报》2014 年 12 月）

照顾员与社工合作、居家养老服务公司与社工机构的跨机构协调，是居家养老服务中常见的合作模式，其中照顾员的服务品质十分重要。Easterbrook（1999）的研究指出，目前在社区照顾第一线工作的同仁，不仅对社区照顾产生很多怀疑，也对其目标缺乏共识，没有社区照顾发展的远景。照顾员压力大、负担重、薪水低，老年人在服务中不受尊重，两者均感到社会对他们的歧视。团队合作、跨机构的协调沟通在老年人照顾工作中日趋重要，如果团队成员没有得到同等的尊重与对待，要求提高服务品质等于缘木求鱼。因此，不仅老年人需要被理解，老年照顾工作者也需要被社会理解和尊重。

民爱公司现有一线照顾员和管理人员共 12 人。照顾员基本都居住在社区周边，交通距离短保障了服务的及时性；照顾员年龄在 28～45 岁之间，薪资为每月 1500～2500 元，主要负责家庭保洁、便民维修和便民送餐。照顾员在招募阶段便被告知其工作具有一定的公益性，她们会受到人性化的管理和专业的培训，慢慢树立对养老服务的使命感。同时，民爱公司及爱邻也积极争取资源，保障她们得到有尊严的劳动回报。

目前民爱公司尚处于发展初期，收入主要是靠爱邻承接政府购买服务。爱邻（甲方）与民爱公司（乙方）签订内部合作协议，甲方有权根据服务项目对乙方服务工作进行监督、回访和评估，乙方根据项目合同要求为服务对象提供服务（主要是生活照料）。发展初期，民爱公司需要爱邻帮助链接资源并进行扶持，未来将尝试市场化运营，以期发展为自我运作的、具有公益性质同时具有市场竞争力的服务型社会企业。

**（三）社工提供以老人为中心的服务，关注老人的主观感受，建立直接的、面对面的、一对一的信任关系，对老人的个性化需求加强分析，提高回应能力**

照顾员团队自主运作，并不是说社工变成了管理者的角色；相反，社工要投入更多的时间与老人直接接触，在基本照顾服务之外增加人文关怀类服务，探索适合社区特殊老人尤其是高龄独居、空巢老人群体的社工介入方法。例如，虽然街道已经有信息服务平台，但爱邻还是公布了机构办公室电话及社工的电话，让老人能通过多个渠道联系到社工。这正如英国社区照顾监控考核委员会所强调的，与案主建立一对一的信赖关系不是额外的工作，而是照顾工作的本质……现实层面会因为工作项目的混乱、时效和效率的压迫，很容易忽略掉细微但重要的互动，以病患为中心的照顾模式更值得推荐（Nolan, Davies, & Grant, 2004）。

让老人家消除对居家养老服务的疑虑、愿意表达他们的需求以及让社会力量介入，是社工的一项重要工作。在前期社工入户的过程中，部分符合服务对象筛选标准的老人拒绝成为项目的服务对象，或在社工再次入户时拒绝成为项目服务对象。在以老人为本的工作中，爱邻社工不是简单地放弃与这类特殊老人的接触，而是为前期拒绝入户或拒绝接受服务的老人适时提供访视服务，以恰当的形式（跟随社区工作人员上门提供行政性服务或开展社区活动宣传等）进一步接触这一群体，以期对社区高龄独居或空巢老人的服务需求有更加清晰的定位。

与市面上的养老服务公司较少关注服务对象的心理相比，居家养老合作社——社会工作介入特殊老人社区照顾服务项目注重情感联系，关注服务对象的心理感受。截止到 2015 年 7 月中旬，社工为 82 个居家养老合作社成员做了个案访视记录，其中 6 个成员发展为要深度访视的个案。

老人说，市政府购买的（居家养老）服务，反馈比较滞后，投诉无效。那些家政公司给老人基本上只有家政服务。我们坚持做个案访视，服务对象对我们不是对社区工作人员的态度，而是对孙子孙女的那种态度，他们会投入感情。按照社工伦理，我们不可以拿老人给的水和水果，但当时可以接受，因为这些礼物带着感情，不把关系拉得太开，慢慢关系上就有质的提升。有些老人有悲观情绪，说自己老了没有用，我们用聆听的方法，让他们讲面临的困难，如何有能力面对以后的困难。我们不断去家访，老人的态度从"戒备"到"不是很热情"，现在变成"主动找你"，主动谈起自己的子女。长期接触的老人就开始知道我们做什么，不是政府的，而是社工。（项目社工）

个案访视不仅有助于社工关注老人的情绪和感受，还有助于社工深入了解居家养老合作社成员对生活服务的具体需求并提供"服务确认书"里没有包含的个性化服务。例如，Y 社区 L 老人是 F 县教育部门的离休干部，社工在访视中了解到他与老伴喜欢养花、研究蜂胶知识，就帮助这位成员去了解养花的知识，与他分享蜂胶养生等知识。

除了个案访视外，爱邻社工有意识地营造居家养老合作社成员的集体感，不仅举办各种主题小组活动和社区活动，加强居家养老合作社成员之间及成员与社区的交往，缓解高龄独居、空巢老人的孤独感，还让老人参与居家养老合作社的决策，包括举行集体的电子服务卡发放仪式，为老人们讲解"大爱之行"项目，让老人们了解项目的具体意义及有哪些具体的服务，并且定期举办茶话会，让老人及时表达诉求和意见。

**（四）社工担任经纪人，基于老人的非正规照顾网络，建立由家庭关怀、志愿关怀、专业服务等多元照顾网络组成的社会关怀体系**

1994 年，香港特别行政区政府成立的"老年服务工作小组"发布报告，强调常规照顾和非常规照顾在服务推行上的合作，并探讨协助长者在社区建立个人网络、邻居互助网络、义工网络和社区增权网络（朱佩兰，2000）。在本文的案例中，爱邻认为自己与市面上的家政公司、承接合肥市政府购买居家养老服务的居家养老服务机构以及自己的其他居家养老服务项目（例如机构获得资助的"江淮社工行动"项目）相比，特色就在于不仅仅提供生活照料,更重视发展长者的社区支援网络,由社工统筹服务对象的家人、社区工作人员、社区居民及志愿服务团队为社区特殊老人提供惠及身心灵的全方位关怀服务。

第一,提倡改善家庭养老的功能。

爱邻社工了解到,合肥市包河区政府购买居家养老服务项目使部分服务对象的子女产生了依赖心理,他们认为有了这项服务就不需要子女养老。爱邻社工认为,社会养老目前对老年人而言主要还是起补充作用,家庭养老仍然是核心,因此社工要强化对老年人及其家庭的支持体系,提升老年人家庭成员的照顾能力。居家养老合作社的一位项目社工说:

> 我们希望通过家庭成员来关注老人生活,让子女参与到居家养老中去。有时候我们去探访独居老人,他们的子女不在,而子女来探望他们,刚巧社工又不在,那我们就会尽量再挑子女在的时间过去,跟子女建立关系。我们还会尝试将服务过程中的图片和信息定期通过网络之类的途径跟老人的子女反馈。

第二,促进老年人的社区参与和共融。

爱邻社工开展了合肥市包河区特殊老人养老需求现状调查,调查发现,有35.9%的老人希望参加增进邻里关系的社区活动,还有16.9%的老人希望参与志愿服务,这说明老年人对老有所乐和老有所为有需求,而不只是想留在家里。爱邻社工策划、组织和实施了相关活动,例如中秋活动、教师节慰问活动,让老人走进社区,改善邻里关系,为生活增加色彩。项目社工说:

> 有次很震撼,一个老奶奶,拄拐杖出来参加我们的活动,走出了她原来比较局限的生活圈子。……在接触的过程中,能够看到一些老人跟其他朋辈之间,从不交流到交流。我们在家庭访视的时候,了解到有些老人因为文化或者家庭经济状况,对社区活动的参与很少,通过社区活动,无形当中让他们知道社会在关爱他们,进而影响他们的家人对居家养老服务和社区服务的看法。

第三，依托街道社会服务中心孵化的社区社会组织，为老年人送去义工关怀。

义工网络是非常规照顾网络的一种。非常规照顾网络有其优点，包括非官僚化、及时、自发性强、富有人道主义精神，缺点则是人力不足、长者没有能力参与、靠不住及缺乏连续性。此外，过分强调非常规照顾网络的作用，会被认为是节省公共开支（朱佩兰，2000）。爱邻社工秉持社区发展的理念，围绕为老服务的社区议题，就近依托街道社会服务中心孵化的社区社会组织，善用组织化的力量，在为老年人送去义工关怀的同时，也让参与社区社会组织的人们收获了社区参与的经验，事后还通过分享的过程，强化义工们参与社区养老服务的意愿。以下是居家养老合作社牵头举办的一次义工慰老活动的记录。

春节快要到了，为了能让居家养老合作社项目的高龄独居或空巢老人提前感受团圆的节日气氛，项目社工与芜湖路街道望东阅趣馆及包公街道美湖阅趣馆合作，共同发起"童心协力　情系寒冬"活动，组织阅趣馆会员组成爱心小鸿雁家庭，把爱和温暖带到每位老人的家中。通过阅趣馆微信号、QQ群及微博发布招募启事，很快便有二十几位家长报名参与，社工们通过电话联系最终确定了11户爱心小鸿雁家庭。爱心家长们分别在1月17日和18日聚集到一起参加本次童心协力活动的启动对接会，家长们纷纷献言献策，讨论了活动细节，精心准备了演出节目和礼物。

参与到本次慰问活动中的还有来自芜湖路街道望东社区墨香书院的书法老师和小书法家们，他们欣闻此次活动后，表示要写出代表吉祥平安的春联让爱心小鸿雁们带去送给老人家们。于是，他们用一个星期的时间写出了五十副春联，那红灿灿的春联上跃动着浓郁的墨香和真挚的祝福。包公街道银林摄影爱好者协会是包公街道社会服务中心孵化的由退休老人组成的社会组织，本次活动也得到了他们的大力支持，街道派出6人的志愿小队全程跟拍，他们中年龄最大的已经有75岁了，他们背着硕大的摄影包跟在慰问队伍中跑前跑后，让爱心家庭和社工们感受到了他们的魅力。

第四，促进老人之间的交流与互助。

爱邻社工通过组织老年人喜闻乐见的小组及活动，例如丝网花制作小组、"忆往昔乐分享"重阳节活动、"老年生活万花筒"小组，促进合作社成员之间相互认识、加强交流。社工发现，一些"服务对象里的热心人"会无意识地将互助精神带入小组活动中，例如相互告知活动消息、结伴来参加活动、帮其他老人携带物品。有几个有共同宗教信仰、经济条件比较差的老人交往比较频繁，有互助小组的雏形，社工也有意识地与他们多接触，鼓励他们去服务与带动社区里的其他老人。笔者随社工访视了一位独居老人，她是从社区居委会主任的岗位上退下来的，对社区的情况十分了解，她一直想跟街道及区级政府争取在自己住宅附近建一个老年活动中心，然而暂时未能如愿。于是，她积极联系两三位相邻而居的高龄独居老人，将自己家的一楼客厅建成一个社区小饭堂，而社工在这一过程中则陪同她一起策划方案。

笔者在跟居家养老合作社项目团队的一线社工座谈时，一线社工坦陈目前为老人建构的社会关怀体系还比较脆弱，主要体现为社工没有举办活动的时候，服务对象较少得到看望，未来需要增强社会关怀体系的自发性。另外，增加老人的家庭关怀也是很困难的，主要是服务对象不愿意透露跟家人关系不好的情况；就算透露了，社工也很难跟他们的子女沟通。项目的一位一线社工认为，"缺少了子女的照顾，就算有部分的居家照顾服务和社会关怀服务，老人无论是经济水平还是生活质量都没有明显的提高"。因此，家庭照顾与社区照顾如何配合，是该项目面临的一大挑战。

## 四 "三社联动"尚需政府营造民间非营利 居家养老服务的发展空间

对于社工介入居家养老服务的专业价值，爱邻总干事柏俊说："现在养老服务市场化的现状是做高端养老的比较多，出于利润的考虑，很多单位不愿意对接零散的特殊老人。社工的角色就是要回应这部分养老服务市场难以覆盖到的老年群体，无论这部分老人的经济水平如何，都让他们享受到基本的养老服务，并且发挥社工的优势，注重对老人的人文关怀，以及不去压低照顾员的服务价格和增加他们的工作量，让社区的'4050'人员在这个就业途径中获益。"她还指出，居家养老是过渡阶段，爱邻未来还打算建立社区养老机构，与社区卫生服务机构联动，"医养结合"，就近服务老人。

借着民政部、李嘉诚基金会"大爱之行"项目的资助，爱邻探索居家养老合作社模式，社工、社区和社会组织"三社联动"，形成了社工机构（爱邻）与居家养老服务社会企业（民爱公司）跨团队、跨机构分工的工作模式，建立了社区照顾（生活照料、健康照顾）和社区关怀（家庭关怀、邻里关怀、义工关怀和老人互助平台）两个体系，并初步针对高龄独居老人、高龄空巢老人两个特殊老人群体探索了以老人为中心的社工介入模式。"三社联动"可谓社工介入模式运转的动力机，然而联动机制要发挥作用还须面对以下困难。

（1）政府支持力度不足，社工调动社区资源有困难。虽然安徽省就"大爱之行"项目出了红头文件，省里面很支持，但是越往下政策支持越弱，到了社区居委会层面支持就更弱了。社工在帮助老人克服实际生活困难时希望得到居委会的帮助，尽管有个别居委会党支部书记热心帮忙，但一些居委会并不接受社工的活动邀请，或者来了也只是拍拍照就走。

（2）市区居家养老服务政策"一刀切"，容易扼杀项目的创新性努力。爱邻在芜湖路街道探索为老人建爱心餐厅，让一些符合条件的居家养老合作社成员到街道社会服务中心就近用餐，然而市要建统一的社区食堂，不允许机构自行创办。

（3）社会养老的需求大，但可供链接的资源并不多，比如媒体及爱心企业的资源很缺乏。社工发现，一些大的地方媒体更愿意跟政府合作，对社会组织的报道意愿不是很强，而且媒体比较看重亮点，对于报道社会服务的积极性不是很高，这也部分削弱了这个项目的社会影响力。不过，社工也尽量运用自媒体、街道网站的社工专栏、安徽省社工网、江淮社工网等平台，并跟某网站合作出版生命回顾影集。

项目的发展需要"三社联动"机制有效运转，社工只是这个机制的一环，服务的创新与发展需要社区及社区外部环境给予政策和资金的支持。

因此，爱邻对市区级居家养老服务民生工程保持高度关注，并积极参与政府购买居家养老服务的调研会，呼吁对服务对象进行分类来购买居家养老服务，倡议政府将生命关怀等富有社工人本理念和需要社工专业技巧的服务内容加到居家养老服务中。在稳定的政府居家养老服务资助尚未到来之前，爱邻主动向外寻求合作，安徽乐邦慈善基金会与包河区民政局、包河区卫生局、常青街道办事处在 2015 年共同发起成立了"乐助常青"专项基金，支持建立包河区常青乐邦安养院，该安养院具有生活照料、卧床护理、生命关怀等综合功能，爱邻将与该安养院合作。爱邻相信，未来随着政府部门逐步完善居家养老服务购买制度，居家养老合作社将获得更多的发展机会。

## 参考文献

陈伟，2013，《中国城市社区居家养老服务：广州与南京的对比研究》，香港中文大学社会工作与社会行政系博士学位论文。

冯晓娟，2012，《我国城市居家养老模式的发展》，《社会科学家》第 4 期。

Nolan，M.，Davies，S.，& Grant，G.，2004，《老人照护工作：护理与社工的专业合作》，台北：洪叶文化事业有限公司。

王波，2009，《居家养老：问题与模式创新——以上海亲和源老年公寓为例》，《华东理工大学学报》（社会科学版）第 4 期。

朱佩兰，2000，《安老与社会工作》，香港中文大学出版社。

Easterbrook，L. 1999. *When We Are Very old：Reflections on Treatment，Care and Support of Older People.* London：King's Fund Publishing.

Leung，J. & Wong，Y. C. 2002. Community-based Service for the Frail Elderly in China. *International Social Work*，45（2），205 – 216.

Minkler，M. & Estes，C. L.（Eds.）1999. *Critical Gerontology：Perspectives from Political and Moral Economy.* Amityville：Baywood Publishing Company.

Xu，Q. W.，Gao，J. G.，& Yan，M. C. 2005. Community Centers in Urban China：Context，Development，and Limitations. *Journal of Community Practice*，13（3），73 – 90.

# 社区照顾模式在本土社会工作服务中的
# 应用研究

——以长期病患与晚期癌症患者社区照顾试点项目为例

钟龙生　吴耀健\*

**摘　要：**目前，老龄化是一个不可逆转的趋势。在传统的家庭养老功能弱化和机构养老难以普及的情况下，我国社会正在探寻更多的养老途径。随着社会工作的发展，社区照顾模式下的养老路径正逐步被应用到社区中。成都市同行社会工作服务中心在成都市武侯区火车南站街道开展的长期病患与晚期癌症患者社区照顾试点项目就是其中的一种尝试。本文以此为个案，总结其社区照顾模式下的养老经验，希望为社区照顾模式在本土社会工作中的应用提供更多的参考。

**关键词：**社区照顾　社会工作　老年人

## 一　导言

目前，老龄化是一个不可逆转的趋势。有研究表明，到 2020 年，我国老年人口预计达到 2.48 亿，占国内总人口的 17.17%；到 2050 年，老年人口将占总人口的 30% 以上，总量将超过 4 亿（中国老龄科学研究中心，2003）。老年人口数量的增加将使养老需求大幅增加。长期以来，我国的养老方式中都是家庭起到最重要的作用、机构养老起到辅助的作用。但随着

---

\*　钟龙生，中山大学社会工作专业硕士，研究方向为医务社会工作；吴耀健，顺德职业技术学院社会工作专业讲师，中山大学社会工作教育与研究中心特约研究人员，国家中级社会工作师，研究方向为青少年社会福利与社会服务、社会工作机构运营与项目管理。

改革开放逐步推进，我国经济被卷入全球资本市场，劳动力成为换取金钱的资本。为了生活，青年人纷纷选择外出工作，投入大部分的时间和精力以换取更多的金钱。这导致原有的家庭结构解体，家庭的养老功能弱化。同时，机构养老成本高、不尊重个性化需求等问题凸显，使机构养老很难普及并成为主流的养老方式。老年人口数量不断增加，无疑会给国家、社会、家庭养老带来巨大的压力。

在这样的背景下，如何利用社会资源、为老年人群体提供足够的社会支持、满足老年人各个层次的需求、真正实现"老有所养、老有所医、老有所教、老有所学、老有所为、老有所乐"的老年养老宏伟目标，成为需要全社会共同去解决的一个问题。

社区照顾起源于英国，是英国社会在"反院舍运动"和国家社会福利政策改变的背景下产生的一种社会服务模式，诸如老年人、残疾人、精神病患者及康复者等失能者都能够在家庭或社区中得到照顾，过上正常人的生活。照顾的责任主体已经扩展为社区，而不仅仅是家庭或者机构。所以，社区照顾的理念，为缓解我国的养老压力提供了另外一条路径。

自 2014 年 7 月起，成都市同行社会工作服务中心（以下简称同行）运用社区照顾的理念，在成都市武侯区火车南站街道试行长期病患与晚期癌症患者社区照顾试点项目。经过一年多的实践，积累了一定的实务经验。本文希望通过对该案例的研究，能够为本土社会工作应用社区照顾模式提供更多的实务经验。

## 二 社区照顾理论

### （一）社区照顾理论形成的背景

提到社区照顾，首先要讲另外一个概念"机构照顾"。所谓机构照顾，就是指以专业化、制度化和集中管理的方式在特别设置的院所，为老、弱、病、残和孤寡人员提供生活上、身体上和精神上的照顾与治疗的福利服务（钱宁，2004）。19 世纪，为了解决各类弱势群体的照顾问题，欧洲建了许多大型的服务机构，如儿童院、老人院、精神病院等福利院舍，将各类需要照顾的人士统一照顾或者分开照顾。以这样的方式解决现代社会因工业化导致的人际关系疏离、社区解组、社会流动频繁、核心家庭取代扩展家庭等社会问题，对缓和社会矛盾、稳定社会秩序、帮助失去生活来源或家庭支持的老、弱、病、残、孤、寡人员摆脱生活困境起到了重要的作用（徐永祥，2004）。

然而，20世纪20~50年代机构照顾的弊端逐渐显露。人们逐渐发现，机构照顾需要巨大的资金投入才能够维持；失能者逐渐失去自理能力，依赖性增强，难以融入社会；为方便统一管理、办事效率更高，失能者的个性化需求往往难以得到满足、权利难以得到保障；机构照顾的官僚作风严重，不是按照失能者的需求来办事，而且依据严格的程序提供服务；等等。后来欧洲出现了"反院舍运动"。为了保障失能者的权益和使其融入社会、重新过上"正常化"的生活，人们纷纷要求撤销大型的院舍机构，以小型化的、社区化的机构取而代之，使失能者能够回归家庭和社区正常的生活，在家庭和社区中得到照顾与支持。

这场"反院舍运动"风首先在英国刮起。当时，英国经济收紧，为了减少开支，需要改变社会福利政策，减少社会福利投入。"反院舍运动"与英国当时改变社会福利政策的需求不谋而合。在此背景下，社区照顾在英国得到运用，并自20世纪50年代以来成为英国的社会福利策略和服务提供方式。

## （二）社区照顾的相关理念

夏建中（2005）认为，社区照顾是指整合全部社区资源、运用正规照顾网络和非正规照顾网络，为需要照顾的人士在家庭或者社区中提供全面照顾，促成其过上正常人的生活。其中，有两个非常重要的概念（徐永祥，2004）：一是"在社区内接受照顾"（care in the community），即有需要并且依赖外来照顾的人，在社区内设的小型服务机构或家庭住所中，接受专业人员的照顾；二是"由社区负责照顾"（care by the community），即失能者所需要的照顾服务，一部分由家庭、朋友、邻居及社区内的志愿者为其提供，这种照顾模式强调的是号召社区内的非专业人士提供照顾服务。

经过数十年的发展，对社区照顾的理解已不再局限于当初的"非院舍化",而是视其为对社会需要各样照顾的一种回应。在社区中,社区各类人士合作去为有需要的人士提供照顾,务求在社区环境中改善居民的生活质素(夏学銮,1996)。很多学者认为,社区照顾的过程就是失能者"正常化"的过程。一方面,在家庭或者社区能够选择自己所需要的照顾;另一方面还能继续参与到社区活动中。尽管失能者有其问题,但他们却和其他人一样,应有其尊严和权利(钱宁,2004)。另外,社区照顾需要动员社区内的正规照顾网络和非正规照顾网络的资源,建设不同类型的小型化、专业化机构,发挥家人、邻居、朋友和社区志愿者等的优势,才能为失能者提供全面的照顾。所以,"在社区内接受照顾"和"由社区负责照顾"不是割裂的,而是相辅相成的。这就需要在搭建各种正规照顾网络的同时,社区也要有很强的"自助互助"精神。

由此,社区照顾已经不仅仅是一种社会服务的提供方法与技巧,更是一种价值和理念、一种追求人的尊严与权利以及通过社区互助互爱的关系来实现的价值和理念。钱宁(2004)认为,从表面上看,社区照顾的对象是社区内有这样或那样困难或问题的人,实际上,社区照顾是对整个社区的关怀。同时他认为,社区照顾表达出以下几个方面的价值和理念(钱宁,2004):第一,主张一种新社会伦理。它通过加强居民的自愿参与,在社区中建立互助互爱的关系,以抗衡现代社会由都市化和个人主义泛滥带来的人与人的疏离和文化上的孤立。第二,主张政府与社区建立伙伴关系。两者应该携手合作,互补长短,而不是各自为政或互相代替,通过这种合作提高社区的福利水平。第三,在社区照顾上,不应该把机构照顾和社区照顾对立起来,而要把机构照顾、家庭照顾和邻里互助结合起来,为有需要的居民提供有效的服务。第四,社区照顾的目标是协助受照顾者融入社区,恢复其正常的生活能力,使他们在社区里形成自己正常的生活方式、建立正常的社会交往关系。第五,改变受照顾者单纯地接受服务的做法和想法。从事社区照顾的组织和工作者应该扮演倡导者的角色,而不是全权代理人。他们的首要任务不是怎样把福利输送给受照顾者,而是倡导和鼓励人们参与、发挥自主性,使他们充分认识和表达自己的需要,使服务更符合实际,更有效地帮助他们克服困难、满足需要。第六,建立关怀的社区。社会工作者在应用社区照顾模式的时候,除了是服务的直接输送者外,还是社区照顾价值和理念的倡导者与宣传者、互助社区建设的推动者。

### (三) 社区照顾与社会支持网络

"社会网络"通常被视为"一群人之间所存在的特定联系，而这些联系的整体特点可以用作解释这群人的社会行为"或"一群人之间的关系结构及他们之间所存在的交换关系及特定角色"（夏学銮，1996）。这个概念最初由社会人类学家引入。直到1954年英国人类学家白恩士对挪威的一个渔村社区采取社会网络分析的方法，并且成功地将该渔村复杂的人际关系用图解的方式勾画成"个人网络"之后，社会网络分析才正式诞生。

当然，社会网络并不等同于支持网络，如邻居关系，如果说它没有出现实质的帮助或者支持过程的话，那么它只是一种普通的关系而已，对于失能者需求的满足没有任何作用。同时，社会网络的作用也并不都是正向的，有时是反向的，比如在老人与子女的社会网络中，如果老人与子女的关系不好，对老人的生活反而是一种负担，甚至是问题的根源。所以，我们这里所说的是具有支持帮助这种正向作用的社会网络。

许多研究及实践经验也都已经证明社会支持网络对个人的心理健康会产生极大的影响，而且能够帮助预防、治疗及缓解个人、家庭和群体的压力及受到的冲击（夏学銮，1996）。也正因如此，人生活在社区中需要各种各样的社会支持网络。如果不具备这些网络，或者这些网络断裂或功能有限时，人就会遭遇危机，甚至引发许多问题。

那么，为了防止这些问题出现或者解决这些问题，需要重新连接、搭建、巩固这些社会支持网络，社区照顾模式正是运用这样的理念去开展服务。

根据所起的不同作用，可将社会支持网络分为"正式社会支持网络"和"非正式社会支持网络"。社区照顾中的"在社区内接受照顾"和"由社区负责照顾"的服务就是分别由这两个不同类型的网络提供的。

正式社会支持网络是指一些受过专业训练的专业人员在社区机构（比如社区卫生服务机构、社工机构、日间照护中心、康复中心、政府服务组织等）或者上门提供的服务。这些网络系统能够为有需要的人提供更高层次的、更加专业、更高质量的服务。

非正式社会支持网络是天然形成的一种网络，主要包括家人、邻居、朋友、社区志愿者等。此网络能够为被照顾者提供技术含量不高（比如买菜、做饭）的服务，对被照顾者的经济需求、情感需求和生活照顾需求能够迅速做出反应，尤其是家庭支持网络。

但是在社区照顾中，正式社会支持网络和非正式社会支持网络两者之间不是割裂的、各自发挥作用的，而是相辅相成的。面对失能者不同类型和层次的需求，只有整合社区中各种正式社会支持网络的资源和非正式社会支持网络的资源，才能解决失能者面临的问题，推动社区发展和互助意识的形成。

因此，正如阮曾媛琪所说，社会支持网络与社区照顾这两个概念很多时候是被联系在一起的。社会支持网络通常被视为社区照顾中的一个核心概念，也是进行社区照顾的一个核心策略（夏学銮，1996）。在社区照顾的过程中，面对失能者的需求，我们往往会利用社会支持网络理论去分析失能者所拥有的社会支持网络的密度、强度等，从而结合社区中的各种支持资源，去解决失能者的问题。同时，为了促进个人的身心得到良好的发展、防止危机出现，社区也需要构建和巩固非正式的或者正式的社会支持网络。

## 三  发展社区照顾模式的现实性

### （一）老年人口数量增加

近年来，老年人的照顾问题越来越多地受到社会关注。原因除了如今老年问题被媒体更多地曝光以外，还有就是我国目前面临越来越大的老年人照顾压力。

随着身体机能的下降，老年人的工作能力急速下降，失去用劳动换取金钱的经济来源。而在市场经济体制下，生活必需品都要用金钱在市场中购买，极大地增加了老年人及其家庭的生活负担。年轻人外出打工，使空巢、独居老人增多，这类老人的日常照顾得不到保障。身体机能下降、疾病（如冠心病、高血压、糖尿病等慢性疾病）增多，以及追求更高的生活质量等，都要求更多的、不同层次的服务机构为老年人提供更全面的支持。

### （二）传统的家庭照顾功能弱化

在我国，传统的养老方式一直是"以家庭养老为主、机构养老为辅"。家庭照顾一直是老年人照顾的主要方式。院舍机构只是作为主要的正式社会照顾的手段，对家庭照顾起到补充的作用。然而，随着市场经济的发展、妇女地位的提升和家庭双职工的普遍出现，传统的家庭照顾功能日渐式微。特别是一些农村地区或发展相对滞后的地区，为追求更好的生活，中青年劳动力纷纷离开原有家庭到外地打工，导致我国出现许多空巢、独居的老人，他们大部分是和配偶生活在一起或者独自生活，日常照顾需求无法得到充分满足。即便有的老人与子女居住在一起，但部分子女为了在竞争激烈的社会中立足，将大部分时间投入工作，无法给予老人足够多的照顾。

老年人身体机能下降及追求更高的生活质量的现实，导致形成不同层次的需求，如疾病治疗、健康护理、心理情绪支持、生活娱乐、参与社会。这些多层次的需求单纯靠家庭很难予以满足。

总的来说，我国传统的家庭照顾功能在弱化，老年人存在不同层次的需求也对传统的家庭养老方式能否提供足够的支持提出质疑。

## 四 案例分析

### （一）案例背景

李嘉诚基金会和民政部在全国开展的"大爱之行"项目，通过给予全国各个示范点的贫困人口社会服务支持，发展我国的社会工作专业、积累更多的社会工作实务经验。同行的长期病患和晚期癌症患者社区照顾试点项目（以下简称社区照顾项目）就是其中的一个试点项目。

四川省成都市武侯区火车南站街道在1996年成立了街道办事处，辖区面积4.5平方公里，下设6个社区居委会，常住人口39764人、流动人口3万人。其中约占30%的人口是土地被征用后农转非的居民，大部分住在C社区中，其他人口为购买商品房而入住的居民。社群同质性较高，居民之间的感情较好，社区中有不少老年人。由于青年人外出打工，许多老人是高龄独居、空巢老人。80%以上的老人患有慢性疾病，如高血压、糖尿病、心脏病。一小部分老人需要面对癌症或者癌症术后康复问题。老年人有多层次需求，如经济支持、日常生活照料、疾病治疗及康复、生活娱乐需求。

许多老年人，特别是身体机能下降严重需要借助他人的长期照顾才能够生活的老年人，他们的生活圈子越来越小，社会支持系统密度下降、强度减弱，这对他们的生活质量和融入社会产生了极大的影响，也给老年人家庭带来极大的经济压力和精神压力。

针对武侯区火车南站街道社区的实际情况，同行社工在2013年12月开始进入武侯区火车南站街道，并于2014年7月开展社区照顾项目，借此为需要照顾的老年人及其家属提供服务，推动社区发展。在项目开展的最初2个月内，通过家访及访问社区的街道办、居委会、卫生服务组织、老年协会等，对社区进行摸底，同时进行服务需求评估。针对老年人的多层次需求，社工运用社会支持网络的介入策略，为有需要的老年人提供服务。经过一年多的努力，取得了一定的工作成效。

### （二）服务对象的社会支持网络

结合武侯区火车南站街道和服务对象的具体情况，同行社工在运用社区照顾模式时，将重点放在服务对象社会支持网络的搭建上。社工结合"全人、全程、全家"①的服务理念，在社区原有的基础上，经过一年的时间，建立了个人社会关系网络、邻里协作网络、志愿者支持网络、乐邻互助网络、社区授权网络以及专业服务组织等（见表1）。这些社会支持网络能够为有需要的老年人及其家属在社区中提供一定的支持和服务。

---

① 全人，指服务对象的身心灵整合发展；全程，即从服务对象患病等不良的生理状态出现直到其去世这段时间内，全程提供服务；全家，即服务对象本身及与其有亲密关系的家属或者朋友。

表 1　火车南站街道社区社会支持网络

| 非正式社会支持网络 | 正式社会支持网络 |
| --- | --- |
| 个人社会关系网络：亲属、朋友、病友<br>邻里协作网络：院落熟人、邻居<br>志愿者支持网络：社区志愿者、大学生志愿者<br>乐邻互助网络：社区龙珠队、舞蹈队、八段锦队等<br>社区授权网络：社区老年协会 | 社区卫生服务中心<br>华西宁养院<br>街道办事处及社区居委会<br>社会工作机构 |

### 1. 非正式社会支持网络

对武侯区火车南站街道社区中有需要的老年人群体来说，非正式社会支持网络在他们的社区照顾体系中占据着非常重要的位置，对他们的经济生活、日常照顾、社区融入等给予很大的支持。

（1）个人社会关系网络

个人社会关系网络是先天就有的，在非正式社会支持网络中起到最重要的作用。目前老年人的个人社会关系网络中有亲属、朋友和病友等。其中最重要的是亲属，因为我国目前的养老支持体系中家庭照顾还是最主要的方式，特别是配偶、子女的照顾。老年人生活、看病等费用大部分来自家庭支持。日常的照顾（如洗衣、做饭、买菜、陪伴看病等），主要也是由配偶、子女负责。

其次是朋友、病友的支持。朋友支持更多地表现为心理、精神上的关怀、经济上的支持等。病友由于有共同的经历，在精神支持上显得非常有力。老年人在与其交流的过程中能够产生更多的共鸣，能够彼此相互支持和鼓励。

（2）邻里协作网络

严格来说，邻里协作网络是个人社会关系网络中的一种，由老年人生活环境附近存在的自然辅助者（如邻居、物业管理员、保安等）构成。他们对老年人的需求能够做出较为迅速的反应。在社区互助文化的构建中，邻里协作网络的构建占据着很重要的位置。

（3）志愿者支持网络

这里的志愿者支持网络由社区志愿者和成都某高校的大学生志愿者构成。社区志愿者是社区中能够给老年人提供最直接、最迅速支持的，同时又具备一定的技术性和专业性的人员，也是构建社区互助文化的重要一环。

志愿者队伍是社区居民参与社区事务的平台，同时也是推动社区发展的直接参与者。

武侯区火车南站街道社区的社区志愿者目前由同行社工组织，主要提供陪护、陪聊、住院探望等支持服务。同行社工认为，社区志愿者一直生活在社区中，与老年人有共同的生活经历，在陪护和交谈过程中能够很快与老年人建立信任关系，这一点是社会工作者和其他类型的志愿者无法做到的。

大学生志愿者队伍是同行社工建立的一支社会志愿者队伍，主要是成都某高校社会工作专业的在校大学生。大学生志愿者在进入武侯区火车南站街道社区服务前，都经过同行的培训。目前建立了固定的 6 人服务小组，定期到社区中，为老年人提供陪护、陪聊、按摩、打扫卫生等服务。

（4）乐邻互助网络

乐邻互助网络，是武侯区火车南站街道社区的特色社区网络，在社区照顾项目开展之前就已存在，目前有龙珠队、舞蹈队、八段锦队等。这些运动锻炼兴趣队伍，平时能够督促成员锻炼身体，加强成员间的相互交流和支持，社区中有活动时，还可以作为表演队伍参与其中。这样，一方面能够满足服务对象的生活娱乐需求、丰富老年人的晚年生活；另一方面也能够给有需要的老年人提供一定的物质和精神支持。最重要的是，对老年人参与社区、增强生活信心起到非常重要的作用。特别是对经过如癌症等重大疾病治疗的老年人来说，对术后康复起到很大的作用。

（5）社区授权网络

社区授权网络是在社区居委会推动下成立的老年协会，是老年人自治互助组织。在社区照顾项目开展之前就已存在，现在已经在街道办注册为社会组织。每年社区的老人都会通过缴纳一定的费用加入老年协会，参加它组织的活动和提供的相应服务。目前，老年协会中有 8 个小组，超过八成的社区名人加入协会成为会员。老年协会工作人员定期跟踪社区老年人的情况，并且会定期邀请专业人员举办健康知识讲座；在节假日，工作人员会入户探访社区中有困难的老年人，给予一定的物质和精神支持，同时会链接社区中的不同资源，为老年人提供帮助。比如，同行社工的许多服务对象就是由老年协会转介来的，因此他们与老年人能够进行很好的沟通和合作。

## 2. 正式社会支持网络

正式社会支持是经过专业训练、具备专业知识的人员为有需要的人提供专业性的服务。在武侯区火车南站街道社区中，正式社会支持网络由社区卫生服务中心、华西宁养院、街道办事处及社区居委会、社会工作机构构成。

（1）社区卫生服务中心

社区卫生服务中心是我国医疗卫生系统中层级最低的医疗机构。武侯区火车南站街道社区卫生服务中心是为整个武侯区火车南站街道社区居民服务的基层医疗机构，具有疾病治疗、康复保健、计划生育、预防疾病等职能。社区卫生服务中心与老年协会、同行等机构定期为社区的老人开展义诊、举办健康知识讲座并进行疾病护理等。

（2）华西宁养院

华西宁养院是为成都市内癌症患者，特别是晚期癌症患者提供宁养服务的医疗机构，如减轻癌症患者的痛苦、临终关怀、为癌症患者提供机构照顾。因为华西宁养院位于武侯区火车南站街道内，所以跟社区的联系比较紧密。华西宁养院与同行有一定的合作，比如志愿者、癌症患者的病友和社工一同到宁养院看望社区的癌症患者。为了帮助癌症患者减轻痛苦，同行社工帮患者向宁养院申请免费的止痛药、帮助宁养院的医生入户进行疾病评估等。作为专业的宁养服务机构，华西宁养院在癌症患者的人文关怀、减轻身体疼痛方面起到了重要的作用。

（3）街道办事处及社区居委会

街道办事处和社区居委会作为我国的基层政府组织，一直通过行政的方式为有需要的人提供帮助。比如，为有经济困难的老年人申请低保、为有需要申请宁养院免费止痛药的服务对象开具证明、节假日探望等。武侯区火车南站街道办事处为了推动社区发展、发挥社区居民的力量，鼓励社区居民成立社会自治组织、参与社区建设。街道办事处不但从政策上给予支持，而且以购买项目服务的形式给予社区社会组织发展资金上的支持。这极大地提高了社区居民参与社区建设的积极性。不同类型的社区社会组织能够在一定程度上为社区的老人照顾提供支持，社区居民的积极参与也为社区互助关系网络和文化建设打下了很好的基础。街道办事处和社区居委会也委托同行为社区社会组织提供更多的专业支持。

（4）社会工作机构

同行是武侯区火车南站街道社区内唯一具有专业资质的社会组织。社区照顾项目是在李嘉诚基金会和民政部"大爱之行"项目资助下开展的，在项目开展过程中，同行起到主导作用，其他资源只起到辅助的作用。同行社工主要扮演服务的提供者角色，运用个案、小组和社区工作的方法来提供服务。

第一，个案工作。个案工作更多地是给予有需要的老年人及其家属心理和精神上的支持，同时链接社区中的资源为失能者提供帮助。由于老人的求助意识及渠道还没有完全形成，加上同行社工服务的普及度不高，大部分个案都是由老年协会转介过来，个人主动求助的案例极少。

第二，小组工作。因为参加者的身体条件受限，所以小组活动的对象主要是身体健康情况较好的老年人或其家属。社工们希望通过小组成员的互相支持给服务对象提供一定的支持。项目开展以来，共组建了四个小组：长期病患支持小组、癌症家属减压小组、长期病患家属支持小组和志愿者能力建设小组。通过小组间的沟通交流，小组成员能够彼此分享遇到的困难、患病期间的心理状态、照顾心得，并且提出自己的建议，起到了情绪支持的作用。社工还通过音乐治疗、小组烘焙活动、生命教育、叙事治疗等专业方法，帮小组成员减轻压力。

第三，社区工作。社区工作包括一系列的主题活动和社区活动。主题活动主要是为了推动社区互助文化建设、加快老年人社区再融入的进程，主要有厨艺大赛、"假如你是老人"模拟体验老人活动、生日会、金婚庆典。这些活动能够使服务对象感受到社区的关心、实现再融入；此外也倡导社区关注和关心老年人，建设互助的社区体系。

第四，构建志愿者支持网络。志愿者是社区照顾中重要的资源，同行社工一直在努力搭建社区志愿者和大学生志愿者网络。目前工作的重点放在大学生志愿者网络上，并且已经建立了一个由6个大学生志愿者组成的服务小组。他们定期进入老人家中，提供陪聊、打扫卫生等服务。

第五，社区领袖的培育。武侯区火车南站街道社区的居民非常活跃，而且对成立社区社会组织的热情很高。但社区居民毕竟没有经过专业训练，欠缺成立、管理社区社会组织和开展项目的能力与经验。因此，同行社工结合自身的经验，培养社区领袖以促进社区社会组织发展。

第六，其他。除此之外，同行社工作为社区的人力资源，与社区老年人建立了较好的关系，平时也会提供比如陪同看病等服务。

### （三）本土社会工作服务的经验总结及建议

本文考察的是同行社工开展社区照顾项目至今的现状，目的是对社区照顾模式在本土运用的经验进行总结；同时，结合对现有经验的讨论及文献回顾，对下一阶段的工作给出笔者的建议。

#### 1. 社区照顾模式应用于本土社会工作服务的经验总结

由同行社工主导开展的社区照顾项目，一直将重点放在社区社会支持网络的构建上。项目开展一年多来，武侯区火车南站街道社区已建立了一定数量的老年人社区社会支持网络，能够为长期病患、癌症患者及高龄独居、空巢老人等有需要的老人及其家属提供支持。同行社工利用其专业特点，为其他社会支持网络的建立提供帮助，同时采用专业方法为有需要的老年人及其家属提供服务支持，通过社区主题活动和志愿者支持网络的构建，推动社区关爱老年人及互助文化的建设。

（1）形成了一定的数量、规模稳定的社会支持网络

社区中的非正式和正式社会支持网络——无论是原来存在的网络还是后来搭建的网络——在社区照顾模式的应用过程中都发挥了较大的作用。如天然存在的个人社会关系网络、邻里协作网络，后期形成的志愿者支持网络、社区授权网络、乐邻互助网络及不断发展的正式社会支持网络。虽然各自发挥的作用不一样，但回应了老年人的不同需求。

不同的社会支持网络能够发挥联动作用。老年人的经济支持和日常生活照顾主要由家庭等个人社会关系网络负责。社区中的老年协会起到关爱老年人的作用，会将有不同问题的老年人转介到同行或者其他组织机构中。同行和华西宁养院、社区卫生服务中心合作，结合不同的资源为有需要的老年人提供服务。此外，同行社工也建立了新的社会支持网络，如志愿者支持网络。

（2）街道办事处及社区居委会重视社区建设

如前所述，街道办事处及社区居委会非常重视社区建设，鼓励社区居民

参与社区建设。通过出台政策和购买服务项目等方式，鼓励成立各种社区社会组织。同时，为了提高这些社区社会组织的专业性，街道办事处及社区居委会委托同行为这些社区社会组织提供专业帮助，如领袖培育、社区组织能力培养。

（3）社区居民积极参与

老年协会及社区龙珠队、舞蹈队等，都体现了居民参与、融入社区的积极性，体现了对老年人的关怀。同行、社区卫生服务中心等正式社会支持网络的互动，使老年人在社区中得到更多的支持，为以后应用社区照顾模式打下了较好的基础。

（4）同行社工主要扮演服务提供者的角色

社区照顾项目得以开展，是同行社工主导和促成的。项目开展以来，同行社工更多地充当服务提供者的角色。个案工作、小组工作、社区主题活动等的开展，是过去同行社工使用的主要工作方法。运用这些工作方法直接提供服务，反映出在社区照顾模式的应用中，同行社工侧重于服务提供者的角色。

**2. 社区照顾模式应用于本土社会工作服务的建议**

（1）达成社区照顾共识，深化与政府的合作

社区照顾不仅仅是社会服务的方式和技巧，更是社会福利的价值和理念。社区照顾对于人的支持不仅仅限于家庭和机构照顾，所提供的支持也不仅仅是单向的给予，同时还运用社区中非正式和正式的支持资源，提供全面的照顾，更加尊重人的尊严和权利。

所以，在社区照顾福利理念的推行过程中，政府应起到主导作用。政府在社会福利资源的分配、政策制度的制定中起到非常重要的作用。社会工作机构不是取代政府的作用，而是必须与政府合作，共同构建社区社会支持体系，以社区为主体，打造老年人社会支持网络。

（2）强化非正式社会支持网络的作用

社区照顾能够实现，得益于社区具有的天然优势。社区中的家庭、邻居、朋友等非正式社会支持网络在老年人的照顾上具有无可替代的作用。照顾的主体扩大到社区，并不代表可以取代家庭照顾。邻里协作网络、志愿者支持网络等的构建，是互助型社区的标志。

（3）建设小型化、社区化的服务机构

社区照顾除了强调非正式社会支持网络的作用外，也很重视社区中各种各样的小型化、社区化的服务机构。这种服务机构能够满足老年人更高层次的需求，通过在家庭和社区中提供这些专业化程度高的服务，真正实现老年人不离开社区就能够得到照顾的目标。武侯区火车南站街道现有的社区服务机构，如社区卫生服务中心，更多的是基于生理疾病治疗和药物买卖的市场体制下的服务机构，具有很大的局限性，很难满足老年人的其他需求。而小型化、社区化服务机构的建设涉及社会福利资源的分配，这也是需要和政府合作的重要原因。

（4）社工角色的转变

目前，同行社工的角色主要是服务提供者。以上三点的实现，需要同行社工更多地充当社区建设者和推动者的角色，而不仅仅是服务提供者。街道办事处、社区居委会对社区建设、老年人照顾的重视，以及居民参与社区建设的积极性和对同行社工专业性的信任，也给社工角色的转变提供了可能性。

（5）形成固定的社会工作服务模式

受制于资源不足，同行社工更多地利用"资源导向"的模式开展服务，即利用有限的资源招募有限的志愿者开展服务，这不利于项目目标的达成及项目的延续性。服务模式应由"资源导向"转向"需求导向"，或者利用有限的资源，使用老年人社区社会支持网络分析法，采用诸如个案管理等社会工作服务模式，从而更好地增进老年人的福祉。

# 五　结语

面对我国逐渐增加的老年人口、老年人需求增加及需求层次提高、传统的家庭照顾功能弱化、机构照顾的弊端凸显的现状，社区照顾模式的应用有很大的价值。

目前，对社区照顾的理解不仅仅是"非院舍化"的社会服务输送方式和技巧，更是一种社会福利理念和价值。要应用社区照顾模式，需要政府、社会达成共识，利用社区的天然优势，整合非正式的、正式的社会支持网络的资源，为老年人等有需要的人提供全面的居家和社区照顾服务。因此，社工在运用该模式时，不仅仅是服务的直接提供者，更是理念的倡导者、社区建设的推动者。

同行社工这一年多的工作经验，让我们看到了寻找传统照顾方式以外的养老途径的迫切性，社区居委会的支持和居民参与社区建设的积极性让我们感受到了应用社区照顾模式的可能性。在已有经验的基础上不断改进和发展，相信从中可以总结出更多的社区照顾模式应用于本土社会工作服务的经验。

**参考文献**

钱宁，2004，《"社区照顾"的社会福利政策导向及其"以人为本"的价值取向》，《思想战线》第 6 期。

夏建中，2005，《社区工作》，中国人民大学出版社。

夏学銮主编，1996，《社区照顾的理论、政策与实践》，北京大学出版社。

徐永祥，2004，《社区工作》，高等教育出版社。

中国老龄科学研究中心，2003，《中国城乡老年人口状况一次性抽样调查数据分析》，中国标准出版社。

# 从专业合作社到综合农协的农村发展之路？

## ——以皖西南大别山区偏远特困村（石盆）生计 发展社工服务项目为例

陈安娜 *

**摘　要：** 本案例介绍的是皖西南大别山区偏远特困村（石盆）生计发展社工服务项目，一个以社区综合发展为目的、由专业社工介入贫困村推动农村生计发展的服务案例。在一年半的时间里，项目初步营造了政府、村民、社工合作的氛围，搭建了农民合作发展的平台——石盆村茶业发展协会，培育了社区骨干，开展了培训、外出交流等活动。然而，在茶业发展基金的使用上，是集中资源发展产业还是兼顾其他小户的利益，项目组与茶业发展协会的意见不同。项目后期，茶业发展协会内部合作的动力出现了减弱的迹象。本文将展示该项目的开展过程，总结经验、反思不足。文章最后将会讨论，在业务范围和组织结构既定的情况下，社工推动建立的石盆村茶业发展协会能走向综合农协吗？还是成立新的社会组织，以承载教育、文化、公共服务等功能，建立合作组织的联社？从山西省永济市蒲韩乡村社区的经验来看，社区发展需要各类合作组织联合，因此皖西南大别山区偏远特困村（石盆）生计发展社工服务项目是一个开始，需要社工在地耕耘得更久一些，我们才能有希望在石盆村看到一个社区综合发展的未来。

**关键词：** 农村社会工作　社区发展　专业合作社　综合农协

---

＊　陈安娜，香港中文大学社会工作与社会行政系 2015 级在读博士生，研究方向为社区社会工作、女性主义社会工作、公民社会组织。

# 一 项目背景

根据国家统计局公布的数据，自 2011 年起，中国大陆城镇人口数量首次超过农村人口，农村人口占比持续下降。这带来了一个问题，即农村"空心化"，农村发展严重滞后于城市。2014 年 3 月，民政部与李嘉诚基金会共同发起"大爱之行——全国贫困人群社工服务及能力建设"项目（以下简称"大爱之行"项目），资助全国的社会工作机构开展社会工作服务项目。从提交的项目申请来看，由于社工机构主要集中在城市特别是一线城市，针对农民开展服务的项目并不多，农村发展项目更少。成立于 2013 年的安庆市全人社会工作发展中心（以下简称全人，是安徽省安庆市首批社会工作专业机构）将关注的目光投向了贫困的大别山区。

全人创始人兼总干事丁伯平拥有社会工作专业教育背景，曾经在招商局慈善基金会工作，对扶贫领域比较了解，认同社区生计发展的目标。返乡创办社工机构后，他希望参与社工机构所在地大别山贫困山区的乡村建设，结合社会工作的专业理念与方法，将国内外被实践证明有效的社区发展经验运用于当地，帮助当地村民实现自我发展。

> 国际小母牛是以价值为基础的社区综合发展模式，包括互助组、礼品传递，让一部分村民组织起来发展养殖、畜牧等产业。还有一类模式，山西永济，学习中国台湾、日、韩的模式，他们认为要解决"三农"问题，单纯发展生计是不够的，农村还有金融需求（小额信贷、资金互助、统购统销）、公共服务需求（公共文化活动、老年人服务和留守儿童照顾等），通过农民组织、联合社和农民协会把社区资源整合起来，最大限度地让民众参与。这两个模式都没有讲到社工。我们的项目借鉴了其中比较好的做法和理念，是通过"三社联动"，社工营造环境，创建社区社会组织，并在此平台上组织村民，对村民进行能力建设。（全人创始人兼总干事丁伯平）

出于对村民自我发展及农村综合发展的认同，全人社工在对项目进行基线调查的阶段对社区经济发展情况和社会需求进行了全面了解，询问村民的意愿，分析村民面对的困难并评估村民的能力。由于机构创始人及团队成员均有社会工作专业教育背景，在理论模式的选择上，采用的是地区发展模式。该模式强调居民对社区公共事务的参与及居民之间的沟通、合作与互助，链接社区内外资源满足居民需求。通过前期的信息收集与实地考察，全人社工选择了安徽省岳西县头陀镇石盆村作为"大爱之行"项目的实施村，申请了皖西南大别山区偏远特困村（石盆）生计发展社工服务项目（以下简称石盆项目），项目周期18个月，终期评估时限为2015年12月。在丁伯平的规划里，石盆项目的开展是石盆村走向综合发展的第一步，建立石盆村茶业发展协会（以下简称茶协），培育社区骨干，发展茶协会员。在尚未开始的第二期，要让茶叶生产产生经济效益，激发会员的参与动力，吸纳更多的会员，让茶协焕发生机。第三期要使茶协往综合农协方向发展，发挥提供公共服务的社会功能。

在以下对石盆项目的介绍中，我们将会看到项目组组建农民专业合作组织，并在过程中推动村民集体参与及民主决策的石盆项目在第一期的开展情况。与传统的农民专业合作社不同，茶协是由社工而非政府主导建立的。出于对合作的强调，社工在推动茶协成立及发展时跟当地政府有很多合作，另外，与重视经济利益、大农吃小农的一般专业合作社不同，社工强调兼顾小户的利益。因此，茶协与项目组在效率或公平、精英决策或民主决策的问题上存在诸多矛盾。在文章的最后，我们将会反思以生计发展为切入点建立的农民专业合作社，是否可以发展为生产生活一体化的综合农协。丁伯平说"我们现在能做的是整合资源做第二期、第三期，放弃了项目就白做了"，可见，从专业合作社到综合农协，中间还有一段艰辛的路要走。

本文采用"研究者与参与者合作，将行动与研究结合，实务工作者在实务工作中实践想法，作为改善现状及增加知识的手段"的行动研究方法，所采用的分析资料分为两个部分：一部分是全人社工在石盆项目开展过程中的会议记录、项目评估报告、需求调查报告、活动记录。有了这些宝贵的文献资料，研究者才能向读者完整地呈现项目的发展脉络及其中各个利益相关者互动的细节，让读者身临其境地感受社工推动农村发展的价值理念和实践智慧。另一部分是笔者到石盆村实地对项目社工、茶协会员所做的一手访谈资料。资料收集完毕后，由研究者完成案例的写作工作，全人社工团队对案例进行了阅读和反馈，几经修改形成终稿。由于篇幅限制，本文只是石盆项目产生的实践智慧的冰山一角，而且在案例呈现上难免是以研究者的分析视角为主导，至于更多的行动研究知识，则有赖于全人社工一边在实践中探索一边继续进行难得的知识生产工作。

## 二　石盆村社区评估

### （一）社区概况

石盆村位于安徽省安庆市岳西县头陀镇北面，村部距镇政府6公里，东面与霍山县东西溪乡、舒城县晓天镇接壤，为三县交界之地，地处大别山深山区，平均海拔700米，属于典型的亚热带大陆性季风气候，雨量充沛，气候湿润，年降水量1300～1500毫米，植被茂盛，山高雾多。这里栽种茶叶历史悠久，所产茶叶清香可口、韵味绵长。头陀是"岳西翠兰"的发源地，曾在1999年获得农业部农博会金奖、2001年农业部茶博会银奖。头陀是远近闻名的茶叶交易市场，茶叶上市季节，邻里八乡的茶农都来这里进行茶叶交易。

石盆村由原石盆、马家两村合并而成，全村总面积15.3平方公里，耕地面积1138亩，山场面积17550亩。全村辖23个村民组，375户1488人，正常劳动人口1079人，村民组分布分散。石盆村耕地面积少且全都是山地，人均可用耕地面积不足1亩，粮食不能自给，村民文化程度较低、与外界接触少。该村是岳西县县级贫困村，在册建档贫困人口达727人，占全村总人口的48.86%，其中五保户17户17人，低保户63户185人。

2014年8月，全人社工在岳西县头陀镇人民政府、石盆村村民委员会的帮助下，在石盆村展开了社会工作专业调查。调查对象覆盖了石盆村的18个村民组30户家庭，采用判定抽样①、入户调查、个别访谈、实地观察

---

① 判定抽样（Judgmental Sampling），又称"立意抽样"，是根据调查人员的主观经验从总体中选择那些被认为最能代表总体的单位作为样本的抽样方法。

等方法。访谈对象中,有老人2人、妇女5人、中年人23人;样本中,普通村民有19人,村干部与党员代表4人,大学生户代表、养殖户代表等村民代表7人。此次调查形成了《如何实现贫困村综合发展?——安徽省岳西县头陀镇石盆村基线调查》调查报告。

### (二)基线调查结果

调查发现,村里每家每户都种植茶叶,面积小到一两亩,大到十几亩甚至上百亩。茶农在生产与销售上各自为政,销售主要依靠各家人脉,茶叶生产分散,规模化和品牌建设不足。同时,青年人普遍在岳西本地或安庆市、合肥市等地务工,村里种植业劳动力严重不足,很多田地荒废了,养殖业受种植业影响也难以发展。在接受调查的农户里,50%的农户的主要收入来源是做建筑工所得的工资;47%的农户的主要收入来源是茶叶,其中经营茶叶加工与销售的占27%,从事茶业种植(不加工)的占20%;还有3%的农户的主要收入来源是生猪养殖与屠宰加工。石盆村村民对家庭收入感到满意的比例仅为7%。

村民普遍有意扩大原有的茶园面积,栽培迎合市场需求的茶苗,但资金缺口大、贷款受限,且缺乏科学的种植技术和专业培训。43%的村民表示接受过建筑、养殖(养蚕、养猪)、种植(种植茶叶、药材)、医疗等培训,83%的村民认为培训对他们有用。目前,67%的村民需要茶叶精加工、制作、销售、栽培等培训,7%的村民需要农业、农村发展相关培训,3%的村民需要苗木嫁接培训与生猪养殖技术培训,另有23%的村民表示不需要培训或者不知道需要什么内容的培训。

> 单纯拓展茶园不太现实了,发展空间已近饱和,可以改良茶叶品种、加强茶园管理来提高茶叶品质。现在最大的问题就是村民缺乏公益心,合作社和农户的合作也是表面的,实际上是农户在为合作社打工。油茶经济发展周期长、回报率低,油茶园改造成本高导致村民参与意愿低,因此要发展实验基地,选取优良品种,给村民起到示范带动的作用。(石盆村村委会主任储鸿志)

　　我可能去安庆打工（钢筋工），腊月再回来。现在很多人在外地务工，但老了的时候还是要回到村里来，我想把荒地开辟为茶园，即使现在没能把主要精力放在茶业发展上，但总不能到了不能去打工的时候再去发展，那样太迟了。现在茶园的主要困难是弄不到优质的茶苗。（石盆村村民汪孟林）

### （三）项目定位

　　尽管我们也对村里的养老、医疗、卫生、妇女活动开展了调查，但全人社工认同先从生计角度切入、对村民进行能力建设来脱贫的方向，并认为这一方向与"大爱之行"项目的整体要求相吻合，即助人自助、由"输血"转变为"造血"。而妇女发展等理念则在项目运作中得以体现，随着村民收入和集体财产的增加，再投入养老、医疗等福利领域。

　　具体而言，能力建设体现在发挥村民自主性、激发村民参与热情、增强村民参与社区发展的能力等方面。从"如何改变村里现状"的调研情况看，70%的村民希望政府出资、百姓出力，7%的村民认为只有政府和企业支持才能改变现状，7%的村民强调村民发展意识的培养与能力的提升，3%的村民认为有必要利用好现有的土地资源，还有13%的村民没有想好怎样改变现状。项目组认为这体现出当地发展缺乏内生力，需要从生计入手，营造社区发展的环境，增强村民的发展信心。

　　对于村民参与，项目组认为，石盆村虽然已有茶业合作社，但是无合作之实，法人代表与茶农之间是雇佣关系，无法让大部分社员受益，村民参与的机会有限且无法深入。集体合作的缺乏，使得石盆村虽然是"岳西翠兰"的主产地之一，但茶叶的质量和价格低于附近其他村，大部分村民收入偏低且无稳定收入来源，年轻人不得不外出务工，使农村成了"空心村"。因此，全人社工以茶叶为切入点，帮助村民成立社区行业组织，举办茶叶培训班，实现村民的互助合作。

　　具体而言，项目组帮助石盆村实现综合发展的思路是：①扶持新生农民专业合作组织或社区社会组织，以项目资金形式予以扶持，争取扶持一个、成功一个，再拓展一个，形成合作联社；②在农民专业合作组织或社区社会组织中培育本土的、职业的乡村社区工作人才，形成人才队伍；③链接外部资源，邀请相关高校、支持"三农"的社会组织等共同参与。

在项目定位完成后，项目组针对石盆村社区发展提出了政策建议。当地扶贫办通过扶贫互助社为村民提供资金支持服务，但是整村只有 20 万元，而受访的 30 户当中有 13 户明确表示需求的资金共计 246 万元。因此，项目组建议扩大现有的石盆村扶贫互助社规模。互助社作为村民自发成立的社会组织独立于村两委，实行自我管理、自我服务，建立了一套适合当地村民实际的互助合作制度，以确保资金的安全，帮助村民脱贫致富。

## 三　项目的工作重点及过程

基线调查之后，2014 年 7 月，项目组在岳西县头陀镇召开培训会，对象是头陀镇党委副书记、镇分管民政工作的领导、石盆村全体包点干部和全体村干部。8 月，项目组工作人员深入天桥、河边、狮行、铁炉等村的小组村民代表及茶叶种植户家中，向村民们派发宣传页、报名表等材料，详细说明项目内容，并了解村民的具体情况，鼓励他们积极参与茶协，参加项目及茶协的各项活动，开阔视野、提高综合能力。

### （一）培育骨干，促进村民集体讨论

#### 1. 培育骨干

为建立稳定的茶叶经济发展带头人和技术支持队伍，项目组通过前期的入户访谈、个案跟进等方式发掘了一批有潜力的社区社会组织骨干。这些骨干的责任感与奉献精神较强，群众基础较好，有潜力成为石盆村茶叶经济发展带头人。为了使他们转变发展思路，全人社工争取了 3 个名额，让他们到山西省永济市蒲韩社区寨子村参加由招商局慈善基金会资助、北京农禾之家举办的禾力计划－乡村社区工作者培训。

通过培训，石盆村马家山油茶合作社负责人、石盆村村委会主任储鸿志为石盆村策划的小项目获得了禾力计划专家组的认可，获得了第一名的好成绩。2014 年 11 月，在河南省兰考县焦裕禄干部学院举行的 2014 年首届乡村社区工作者年会上，储鸿志被评为 2014 年"乡村社会工作者"（以

下简称乡工），并被授予证书。储鸿志很认同综合农协的模式，向村民分享外出学习的经验，希望提高村民的参与度，这与项目组希望骨干发挥的作用是相符的。

> 储鸿志先简单介绍了一周的学习课程情况、当地（蒲韩社区）的乡工发展、农民的互相合作与帮扶、依托合作社协会开展的采购和销售服务以及当地依托多元化农业和产业实现增收富民的路子。接着，他又指出了石盆村的优势与不足，包括劳动力充足、茶园面积广但管理不到位、茶叶制作规范化程度低、茶季结束后村民缺乏其他的增收渠道和产业。最后，储（鸿志）结合在禾力计划培训中的所感所思和蒲韩乡村社区的发展启示，提出自己的期望——利用和依托茶协走多元化农业发展之路。（村民议事会会议记录）

### 2. 第一次村民议事会

项目组每半年召开一次村民议事会，由村民骨干召集村民参与，促进村民参与讨论集体事务及决策。2014 年 10 月，第一次村民议事会召开，会议邀请40 人来参加，应邀到场 29 人，计划到场 30 人，实际到场 44 人，其中自行前来或跟随他人前来 15 人。这是村民第一次为建立新的茶业合作组织聚在一起，工作员观察到村民之间的默契不足。在工作员多次鼓励下，村民才敢走上台表达自己和所在小组的想法。除了多加引导与鼓励外，工作员还运用互动游戏"解开千千结"，增进组员之间的理解，增强组员的协作能力。

会议分为分享及小组讨论两个环节。分享者是禾力计划学员代表储鸿志及头陀镇副镇长王颖。其中，副镇长王颖指出：

> 一个地方的发展，必须具备三个条件：项目、人以及关注度。当前石盆村村民最大的希望集中于两点：一是个人的发家致富路；二是村里面的基础设施建设（正在施工中的村中心道路硬化工程）。石盆村的投资环境面临很大的机遇：项目向贫困村倾斜的大环境（石盆被评为县级贫困村），皖西南大别山区偏远特困村（石盆）生计发展社工

服务项目成功进驻。然而，村里的投资环境仍不容乐观，不安定因素仍然存在（如部分村民上访），希望村民把问题摆到桌面上，大家共同想办法，舍小利、求大利，增强凝聚力。"大爱之行"项目的直接资金支持比较少，但是在改变村里投资环境上面，项目的延伸意义重大，希望大家都能参加茶业协会，把茶业协会做大做强。（头陀镇副镇长王颖）

小组讨论以分组的形式进行，分四轮讨论。第一轮讨论了茶协的宗旨；第二轮讨论了茶协应具备的精神、活动内容/业务、核心及组织架构；第三轮收集了大家对茶协领导者的提名，为未来的选举做准备；第四轮商讨了"大爱之行"项目资金的使用，包括资金的使用原则、使用领域和资金管理方式。

表1　村民议事会上各组村民对茶协的定位

| 组别 | 应具备的精神 | 活动内容/业务 | 核心 | 组织架构 |
|------|------|------|------|------|
| 第一组 | 团结互助；共谋发展；无私奉献 | 指导茶协会员多学习；技术指导；外出参观 | 打造石盆茶叶品牌；提高茶叶的质量和产量 | 会长、监事、理事、会计、成员（会员） |
| 第二组 | 奉献；爱心；团结 | 了解现有农户种植情况、销售情况；拓宽销售渠道，寻找新的发展门路 | 成立茶业组织 | 理事会（种植组/加工组/销售组/科技组） |
| 第三组 | 自主创新 | 希望茶协给予石盆村技术指导 | 发展要思想统一、整体部署 | 建立会员制，人员分工明确（管理、技术、监管） |
| 第四组 | 种绿色食品茶叶，不用违禁农药，保证原汁原味 | 做正规培训，让茶叶上更高的层次 | 种植的茶叶得到QS认证，走进大市场 | 科学种植、加工生产、统一销售 |
| 第五组 | 达到茶饮的最高境界 | 希望全人社工给予小组茶叶技术指导 | 茶协帮忙把茶叶做大做强 | 收集、加工、销售 |
| 第六组 | 团结互助 | 茶叶的种植、生产和销售 | 团结互助、生产无公害的特色茶叶 | 组织好一个有领导的组织机构工作 |
| 第七组 | 把茶叶指导做好；价格提高；共同发展；无私奉献 | 为茶协发展做贡献，产量更高、质量更好；有自己的品牌 | 提高农民生活水准，促进茶叶经济发展，使石盆村农民走上致富路 | 确立社长、社工；茶叶统一销售，产供销一条龙（产业链） |

对于项目资金的使用，各组村民认同将资金用于促进茶业发展，要体

现公平、公正原则。资金管理方面，村民提到专款专用、建立专门账户，由理事会管理，有专门的管理人员。各组对项目资金的使用领域意见不同，包括建立冷库、树立品牌、组织参观学习、统一制作包装、奖励先进户、改造茶园、购买茶苗、购买茶叶加工设备等。

召开村民议事会、开展小组讨论仅仅是村民们自我发展、自我挖掘潜力、自我表达的第一步。项目组期待在社工的协助下，每位茶协会员都能取得进步，获得新知识和新理念，成为发展石盆茶叶经济、增加收入的生力军。

### （二）成立茶协

项目组通过举办工作坊、开展小组工作等方式，推动成立了茶协。在此过程中，项目组秉承"参与和赋权"的理念，让会员民主参与，讨论决定集体事务，最大限度地调动会员的参与积极性、激发会员的参与热情，让茶协会员详细地讨论、分析未来工作计划的可行性和必要性，通过举手表决的方式，达成一致意见。

2014 年 10 月 22 日上午，项目组在石盆村村委会的会议室召开了"如何制作茶协章程"工作坊。此次工作坊延续了分组讨论的方式，目的是解读茶协章程，广大村民共同商讨并议定章程内容（包括茶协的业务范围，组织结构、会员和茶协领导班子的管理，资产管理及使用原则，章程的修改程序，终止程序及终止后的财产处理，等等），协助村民把茶协做大，真正做到为茶农服务、代表茶农的切身利益。

此次工作坊预期参与人数 40 人，收到通知前来者 33 人，有 1 人自行前来。对于参加人员比预期少，工作员分析：可能部分会员因有事不能参加工作坊；工作坊召开前一天下大雨，道路泥泞，部分会员出行不便；工作坊开始时间比较早，部分村民居住地离村委会较远。另外，会员对本次工作坊的目的及议程不清楚，在主持人进行解释后才明白。但是，在主持人解读章程内容后，由于内容基本上是一些国家规定，能展开讨论的内容不多，因此会员互动较少，现场气氛不够热烈。不过，在讨论会费的时候，大家的参与程度明显提高。此次工作坊由于有村委会工作人员全程参与和协助，因而总体效果不错。

  章程讨论结束后，项目组随即召开了石盆村茶协选举大会，目的是商讨茶协骨干成员的任职资格与选举方案，选出代表茶农利益并为茶农服务的茶协领导成员（理事会、监事会、会长、副会长、秘书长及监事长）。选举采用一人（户）一票制，过程公开，结果当场公布，工作员现场招募会员做志愿者参与唱票、计票和监督工作。在讨论茶协骨干成员任职标准及选举规则时，主持人介绍说：

  茶业协会骨干成员必须有一定的标准限制，比如年龄范围、文化程度、时间情况、服务精神和健康状况等。常年在外打工的人即使很有威望、很有能力也不能担任重要职务，毕竟离得太远，不方便操作。对于任职标准的讨论就是为了使得选举出来的骨干能为协会办实事。

  随后会员分组讨论理事和监事的任职资格。当工作员说会员们提的会长、副会长和秘书长人选只是作为参考时，部分会员认为他们的意见无关紧要，工作员解释说他们的意见是理事会决策的重要参考，只是还要询问当选者的任职意愿。会员的积极性被调动起来，顺利完成了选举，大家表示对选举结果没有异议，认为选举过程民主可靠，选举会议结束。

  2014年11月，中国社会科学院杨团教授对石盆项目进行实地考察、指导，为茶协会员讲授"综合农协——中国'三农'发展之路"讲座。杨团教授与大家分享了韩国、日本、中国台湾等地的先进经验，指出综合农协集信用、供销、技术推广、社会服务等功能于一体，不但能提高当地农民的生活水平，还能帮助政府推进社会政策的实施，提高农民的地位及生活水平。杨团教授鼓励大家积极思考、探索茶协发展的新模式。禾力乡工寇兰云老师、安庆市民政局涂文治局长、头陀镇政府工作人员、头陀镇各村村委会成员、茶协会员、各村茶协骨干参加了此次讲座。

  讲座结束后，项目组在杨团教授的指导下举办了"石盆村茶协制度建设"工作坊。围绕茶协的发展方向、难度和措施，会员们提出茶协要推动产销一体化，在农户和经销商或消费者之间扮演中间人角色，进行前期客户访问与谈判，解决内销和外销问题。除了解决茶叶品质问题，还要根据本地茶季短、茶产业就业能力不足的特点，发展高山蔬菜种植，整合资源，为茶协未来的专职和兼职工作人员提供补贴，建立小额信贷平台，对参与蔬菜种植的农户提供津贴补助，利用土地流转政策促进规模化运营。另外，工作坊还初步讨论了高山蔬菜种植的困难及措施，以及茶协理事会如何分工取得村民信任来推动蔬菜种植。

项目专员带着石盆村茶协骨干与岳西县民政局对接，办理茶协登记注册事宜，并在 2015 年 1 月 22 日领取社会团体登记证书、组织机构代码并制作茶协公章、财务章等，在石盆村茶协产品展销会暨头陀镇首届绿茶文化节上举办了茶协成立揭牌仪式。茶协成立后，项目专员在茶协骨干的陪同下走访会员家庭，了解会员需求，与村民一起探讨茶协 2015 年发展思路和方向。

### （三）茶协内部分工及第二次村民议事会

2015 年 2 月，项目组举办茶协小组工作第一次聚会。10 位理事和社工围成一圈，讨论石盆村茶协 2015 年工作计划，最后通过举手表决的方式达成一致意见。同时，会上大家还具体讨论了理事会组织架构下的分支部门，初步确定有 4 个组——种植组、加工组、销售组、出纳会计组，每组内安排 3 名理事，并由组员自主推选该组组长，负责后期具体事务的统筹工作。

- 冷藏设备的购买（结合项目与政府资源，建保鲜库作为协会的固定资产）；
- 困难户的补助（选 4~5 户困难的村民，开展慰问、帮扶活动）；
- 统一包装、制作；
- 拓宽销售渠道；
- 发放茶苗 10 万株（发展茶产业的村民都可以争取政府相关项目资源）；
- 茶协以土地流转的形式发展其他种植业：特色蔬菜、洋胡姜、茭白等（与村集体经济整合起来搞）；
- 发展特色畜牧业：养猪、养羊等；
- 茶业协会组织架构的人员安排，特别是分支机构下的人员安排，具体落实到每个人身上。

第二天，项目组召开了第二次村民议事会暨迎新春茶话会。项目社工采用头脑风暴法，将村民分为两组，每组分配一个问题进行现场讨论，让村民参与讨论制订 2015 年茶协工作计划，以主人翁的意识参与到项目实施中。此次活动实际参加人数比预期少很多，原因除了宣传动员不到位外，还有当地政府部门特别是石盆村村干部对此次活动的重视程度不够，没能参加此次活动。此外，在石盆村村民群体中，已经形成"茶协只开会，不办实事"的共识，这种认知导致村民参与的意愿不足，缺乏参与活动的积极性。从会议记录中可以看到社工在增强村民对茶协的信心方面所做的努力。

其中，有一个村民表示第一次村民议事会有 70 多人，而目前只有 10 多个人参加，说明我们没有得到实际支持。另一位村民附和，像今天这种会议，村里领导没有到场，镇上领导也不在，说明领导都没有将茶协发展事宜放在心中。此时，丁总干事接过话筒，开始疏导村民不满的情绪，指出项目本身不是一时半会儿就能得到实际支持，问题的关键是项目是周期性的，社工终究会离开，村民需要发挥自己的能动作用。

村民出现消极情绪，不太愿意配合茶协，因为对项目、茶协没有足够的信心，其中一（位）村民说：项目有成功、有失败的（表现出对此项目及茶协的认同度低）。此时，社工汪明开始分享自身的经历以及这个项目的意义，澄清村领导支持的决心，村民的消极情绪逐渐平息，有一（位）村民说这个项目是不断发展的，不能以眼前的利益来衡量。

丁总干事开始为村民梳理项目计划，跟大家分享项目在 2015 年开展的工作，表示项目需要一步步开展，并且澄清理事责任，村民需要增强自觉意识。（此时，村民想要了解茶叶增产的方法）丁总干事表示会做好项目中社工所承担的事宜，且做好相关资源的链接。（项目社工汪明的记录）

### （四）会员培训、外出交流

为迎接早春茶季的到来、为村民农忙做好充足的准备，2015 年 3 月，项目组邀请安徽农业大学茶叶专家李叶云教授到现场指导石盆村茶叶种植和茶园管理。李教授到石盆村 100 亩高标准茶园基地时，会员们正在田间栽培新茶苗"石佛翠"。李教授现场观看村民栽培，并运用专业知识和理念进行现场示范、指导，对新茶苗种植的间距和行距、排水系统的管理、茶苗的施肥等都提出新的要求，还教茶农防止杂草生长、避免使用除草剂的小诀窍。

在项目开展的"茶叶园管理技能培训班"上，李教授针对"茶叶标准园建设、茶树种植、修剪、耕作、施肥、茶园机采、茶树品种选择"七个方面，把国内外先进茶园的经验和石盆村本地自然条件联系起来讲解，让村民更加容易接受。同时，他还向大家介绍了市场上热销且经济效益高的新茶品——白茶和黄金茶。其间，茶协会员带来了自家种植的茶苗和加工后的"芽茶"样品请李教授指导。李教授解答了村民提出的茶叶生产、加工中的各种问题，包括"如何将在石盆村占较大比重的传统老茶园改造成有机茶园"、"白茶、黄金茶是否能在我们这儿生长"、"石盆茶的销路问题"等。他提倡村民发展生态茶园、有机茶园。李教授还指出，"大爱之行"项目成立的茶协搭建了平台，茶农应告别传统靠关系的个体销售方式，推动石盆村茶叶品牌化发展，开辟茶叶销售与电商相结合的新型销售模式。

有村民讲述了"头陀镇本地茶叶收购商打压外来公司茶叶收购人员"的情况，在场的头陀镇镇党委书记王先进表态，以后发现这种情况，可以拨打他的电话，向镇政府反映，政府会按照相关规定处置。

2015 年 3 月 26 日，项目组组织了"石盆村茶协赴宣城市旌德县白地白茶生态基地参观学习"活动，茶协会员共 50 人参加，参观了白地白茶公司茶叶加工厂和当地中草药白芨种植基地。白地白茶公司负责人向参观团演示了茶叶生产加工的整套流程，详细介绍了每种机器的用途、操作方式、价格等，并就茶协会员的疑问进行现场解答。白芨种植基地负责人向茶协会员详细介绍了基地的发展模式、白芨种苗的种植技术以及当前的市场前景，还为大家介绍了现代茶园与名贵中草药种植相结合的新型发展模式。之后，参观团前往安徽生态有机白茶示范基地，参观各个品种茶叶种植区及配套的排水、蓄水设施。参观的过程中，会员们边观察、边思考，虚心向陪同的示范基地负责人员解答茶叶种植、管理上的困惑。最后，项目组在白地白茶公司总部办公室组织召开了实地座谈会，公司负责人系统地介绍了白茶种植、加工、管理、销售的创新模式，并与茶协会员进行了深入的交流。通过这次参观学习，会员切身体会到省内标准化茶园在种植技术、管理、营销模式上的先进之处，提升了他们对茶业发展前景的信心。

这次活动成效如何，我们项目组成员确实摸不准。但让我们欣慰的是：自上次归来之后，储茂根大叔就一直在思考并期望通过石盆村委领导的能力申请开发 200 亩高标准茶叶园项目，在新建的茶园统一种植白茶或其他优质茶叶品种并实现统一化管理和加工。为此，社工在沟通中也不断地鼓励并提醒他，如果真想用这样的方式去做，就必须提前做好各项风险评估，事先做好相关的策划，还要能时刻扛得住压力和打击。（项目社工汪明）

### （五）产品宣传及销售：线下体验及电子商务

进入农忙季节，项目组举办了"助农采茶暖山乡"志愿采茶免费体验活动。志愿者自驾游参与活动，远离城市喧嚣，通过劳动放松心情，体验采茶、制茶，了解茶叶种植、采摘、制作的知识，宣传石盆村茶叶。此次活动预期参加人数为 10 人，实际参加人数为 6 人，因协调问题，报名的志愿者没能参与此次活动。

由于活动宣传力度比较大、岳西山区地理环境较好，志愿者积极性相对较高。采茶前，茗缘茶厂负责人对采茶流程进行了详细的介绍，对采茶技巧也做了简单培训。随后，社工安排了采茶比赛的环节，针对采摘的茶叶样品，邀请当地负责人进行专业评价，负责人认为志愿者采茶的质量相对较高，符合当地茶农采茶的标准。

其间，志愿者对石盆村茶叶有了初步的认识，尤其在采茶时切身感受到当地茶农采茶的不易，体会到劳动的艰辛，对茶农有了更深的敬意。在采茶活动结束后，社工安排了自由采购的环节，其中有 2 对夫妇相继购买了

4 斤茶叶，价格为 1200 元，使茶农有了更多的现金收入。整个活动中最大的困难在于，石盆村处于偏远山区，道路崎岖，交通不便，开车时间很长，返程的时间点也比较晚，存在一定的安全风险。

线下体验活动之余，茶协建立了网上专卖店，当地茶农的茶叶销路渠道得以拓宽。在石盆村茶协产品展销会暨头陀镇首届绿茶文化节上，通过茶叶产品展销、现场冲泡、品茗、茶商与茶农交流，多角度、大范围地宣传，树立了石盆村的茶叶品牌形象，改变了石盆村茶农传统的销售模式和营销观念，使茶农逐步实现脱贫，走上致富之路。

## 四　经验与反思

### （一）社区骨干的积极性增加，尚需动员更多的村民参与

从进入石盆村开始，项目组一直强调"不是建房子、发补助、做慈善，我们做的是人的能力建设"。项目组认同参与式扶贫模式，认为需要改变村民各自为政的家庭承包制，改变全村乃至全镇的茶叶普遍被外地代理的局面。其方法就是对村民进行能力建设，改进村民在茶叶种植和销售上落后于市场需求的做法，增强村民参与、合作的意识和能力，在规模化经营的基础上创建自有品牌，逐步提高本地茶叶的市场价格。然而，石盆村有 370 多户 1400 多人，23 个村民组分布分散，一个社工一天下来只能与 3～5 户村民接触，因此需要发展社区骨干去动员村民参与茶业发展的社区公共事务。

培育当地社区骨干是一个艰难而长期的过程。通过外出培训学习及参访交流，积极性较高的社区骨干会主动去思考，看到了本社区的优势和不足以及发展方向。例如，被评为乡工的石盆村村委会主任储鸿志认为可以利用和依托茶协走多元化农业发展之路。"石盆村茶协赴宣城市旌德县白地白茶生态基地参观学习"活动结束后，不少茶协会员认同茶叶种植要减少农药使用、引进优良品种，建立茶叶基地，实现规模化经营。然而，在促进其他村民合作方面还存在很大的困难，村民往往看不到眼前的利益就不愿意加入，社区骨干在动员村民方面的积极性不高，目前停留在"从自身

做起"的阶段。

> 储茂根大叔告诉我，想自己出钱制作一个大型广告牌，正面写"安庆市石盆村大爱之行项目——茶业发展协会茗奇分厂，联系人×××，电话×××"，背面是"种植、加工、销售岳西翠兰，石盆高山野茶，高中低档茶叶，中草药、蔬菜种植和销售，绿色产品、花卉品种；让天下更多的朋友吃得开心，喝得放心"，并将其悬挂在石盆村板桥组河边的道路两旁。他说，"希望通过这样的方式，进一步扩大我们石盆茶协的知名度，同时也能很好地提高自己的茶叶品牌"。这让我很感动，但也让我忧愁。我想，现阶段，绝大部分石盆茶农正是缺少了像他这样敢想敢做的性格。而只有彻底地打破那些传统的思维，才能真正让岳西石盆茶走出去，让更多的外界人了解石盆、了解石盆茶。（项目社工汪明）

项目组认识到，茶协会员都是男性劳动力，大部分还是 50 多岁的人，年轻人不多，更没有女性。对于石盆村社区发展，项目组未来需要结合当地农村妇女发展，让青年人返乡加入茶协，培育妇女骨干、青年骨干，使他们在茶协中发挥作用。

### （二）建立联合大户的经济合作组织，由于经济驱动不足，大户的积极性下降

项目组推动成立茶协，以茶协为平台促进村民合作。目前，茶协组织架构中部分重要骨干是村委会成员，茶协中约 60 个会员基本都来自村里的能户、大户人家。项目社工汪明发现，项目专员进入一个人生地不熟的地方开展工作，依靠当地村民尤其是村委会成员的力量十分关键。茶协成立后，则要跟会员、骨干保持良好的专业关系。不过，社工也发现，村民可能认为村委会里的领导角色比茶协中的角色重要，如果事务存在重合，会优先安排村委会的工作。

对于 10 万元茶业发展基金的使用，资助方的要求与茶协会员自主决定资金使用方式的愿望相冲突，而项目组的做法是在符合资助方要求的前提

下，采用惠及全村的基金使用办法，即补助困难户、奖励先进户。项目组的安排与茶协的自主发展存在一定的冲突。

> 我认为花在平台上效益更大。整个村的茶叶价格上升了，今年60块钱，也许明年是65块，比个人拿些补助金要好。茶协要开展的工作太多了，但没有发展资金就没有支撑，目前停留在把平台搭建起来（的阶段）。我的想法是，针对参与茶协的60多户，不用原来花费人力太多的人工除草，统一购买有机肥料，茶协和个人都出一点，茶叶品质就提高了。这样茶协才有"造血功能"。（茶协会长）

> 钱不要分下去，一家两三千，根本上解决不了问题。我心里不知道你们这个机构能存在多久？（茶协会员）

> 我跟他们解释，我们打了请款报告，但项目办要求10万（元）不能直接给茶协，说这是转包行为，评估时财务没法过关。茶协当时就质问这跟我们之前灌输的思想（相）违背，之前讲不是直接发钱。但是这笔钱必须在项目期内花掉，花不掉还要被收走。当时我就想茶协现在包括村（党支部）书记、其他人都有观望的心态，觉得不给钱茶协怎么做得起来。按照社工自身来讲，觉得特别委屈，茶协的2015年发展规划，没有人跟着我们的节拍，反而去制止我们。社工这时候应该去对质他们，但怕对质后就撕破脸了。我觉得以后的工作中，跟领导的关系，若即若离，坚持原则，绝不妥协，这是我们跟领导处理关系（的办法）。（项目社工汪明）

正如前面介绍的，从第二次村民议事会开始，村民的参与积极性大大下降，参加人数比预期少很多，一些村民认为茶协光开会而不干实事。茶协在登记注册、制度建立、年度任务谈妥之后，开展了一些培训和外出交流活动。不过，到2015年的春茶季节，全村的茶农仍然是各自为政，茶协尚未发挥作用。由于茶协目前没有资金来源，会员的工作积极性下降，会员、理事会及社区骨干之间更未形成合力，还有一名理事中途退出了理事会。在村里种茶大户积极性下降的情况下，茶协面临困境。在推动合作社发展的人力方面，项目组考虑动员村里的青年和妇女，将淘宝店运营起来，以此带动茶协继续运转。

**（三）项目组引进的资源得到当地认可，但对营造社区发展的外部环境而言还不够**

项目组为当地带来了为期一年的专职社工服务及 10 万元茶业发展基金，另外，还请了两个专家到石盆村做讲座，带来综合农协的发展理念及先进的种茶技术，受到头陀镇领导重视，其他单位也派人来村参加培训。此外，项目组举办的石盆村茶协产品展销会暨头陀镇首届绿茶文化节活动、摘茶体验活动及开的淘宝店，均是扩大销售渠道的尝试。

项目组在媒体上进行了广泛的宣传。《安庆日报》在《打开"社工"成长空间》里详细介绍了该项目，《安庆晚报》做了《"大爱之行"携茶农"抱团取暖"》专题深度报道，《中国社会报》在《"大爱之行"社工服务项目精准扶贫岳西》里也对石盆项目进行了报道。另外，项目还发布了《大爱之行石盆纪实》纪录片，建立了"皖西南大别山区偏远特困村生计发展计划"网站（http：//www.dbs.aqsw.org.cn）、开设了微博，从而扩大了社会影响力。

民政部与李嘉诚基金会的"大爱之行"项目平台受到政府部门的重视。省、市、县各级民政部门领导以及头陀镇领导出席了岳西县头陀镇人民政府和全人共同主办的石盆村茶协产品展销会暨头陀镇首届绿茶文化节，陆天平局长代表石盆项目向石盆村捐赠了价值 4 万元人民币的茶叶保鲜设备。

全人致力于为石盆村带来更多的资源，目前已经向广东省民政厅提交社会救助项目的申请，希望针对岳西县头陀镇石盆村 30 户社会救助对象开展服务，其中一种重要的工作方法就是能力建设，即提高社会救助对象中失业人员的职业技术能力，让他们有能力参与石盆村的茶业、蔬菜业、畜牧业建设，增加收入、增强自信心。此外，全人还向招商局慈善基金会递交了项目书，希望争取资金推动茶协持续发展。

然而，石盆项目主要搭建起了茶协的组织架构，而茶协暂未产生经济效益，这使得综合农协的发展模式暂时未能被采用，社区基线调查里提到的交通、环境污染等问题目前也没有得到处理。茶协会员王先生说：

> 政府对我们不算重视，没有一个领导在我们这里待三年，有些调来几个月就走了，我们都不知道镇长、书记是谁。很多福建的外商在这里，主干道是修给他们的，河里全被他们污染。岳西县得到很多扶持，就我们这个镇道路最差，主干道到现在还在施工，全国现在像我们这样路都没通的地方很少了。我们还有很大的修路资金缺口，外地来的商贩车开不进来，我们只能做干茶下去，而且我们小作坊电压承受不住。今年，村委会牵头让村民自筹了 20 万（元）资金，但缺口100 万（元），钱（是）村民自己给的。

**（四）项目促进了社工自身的发展，要实现扶贫目标还需要持续在地耕耘**

项目有力地提升了全人的知晓率。全人在石盆村的知晓率达到 80%，在安徽省社会工作界的知晓率达到 80% 以上。全人社工的项目研发和设计能力、社区社会工作实务能力（包括个案管理、小组发展、社区活动策划、组织管理等综合能力）、专业文书撰写能力、项目档案管理能力等得到显著提升。虽然项目执行团队很年轻，一线社工都是刚毕业的大学生，开展农村社会工作面临很大的挑战，但全人注重提供培训机会，多方面提高社工的理论和实践能力，使得社工们坚持社会工作的理念，职业生涯规划明晰，能独立开展专业服务。

全人社工参加了"大爱之行"项目行动研究专题培训班，探索形成了一套社会工作服务标准和服务成效评估标准。项目组在中国社会工作教育协会苏皖片区第六届年会上以"大爱之行"项目为例分享了《农村社会工作与参与式扶贫》论文，并撰写了 2 个专业服务案例。此外，全人社工参加了第三届中国慈展会（深圳）和安庆市 2015 年社会工作宣传周活动，向社会工作从业人员宣传社区发展的理念。全人社工在 2015 年下半年通过对项目的总结与反思，策划编写《石盆纪实：从理论到实践——地区发展模式的社会工作实验》一书。

全人社工促进了安庆市社会工作服务机构扶持政策的落实，参加了安庆市社会工作协会，并推动当地政府购买社工服务。此外，全人社工积极配合中国民主促进会安庆市委开展相关提案调研，并撰写《关于加强扶持社会工作专业机构的建议》。在安庆市市长魏晓明到全人调研之际，社工们重点介绍了石盆项目，受到市长关注，市长指出，"社会扶贫是新农村建设和扶贫工作的新创新，要总结好经验，逐步推广"。

总的来说，通过开展石盆项目，全人在组织内部建设、农村社会工作发展及社工人才培养方面取得了很大的成绩，在组织自身实力得到增强的同时，也成为当地社会工作发展的领头羊。由于注重项目经验的总结与分享，形成了一些知识，便于推动全国农村社会工作发展的同仁借鉴。然而，石盆项目实施期只有 18 个月，这对一个社区发展项目来说时间太短，在项目结束后如果没有新进入的资金支持，全人将面临撤出当地的结局，尚未实际运转的茶协也将由于资源缺乏而陷入困境，这是石盆项目当下面临的巨大挑战。

## 五　专业合作社的未来

本文所介绍的石盆村，改革开放以来，借助当地适宜种茶的天然优势，家家户户都获得了一定的收入，其中有一些茶叶大户不断扩大茶园面积、提高茶叶品质，生活变得富裕起来。以茶协会员王先生为例，王先生说，由于镇上教育质量不好，他把儿子送去私立中学上学，一年交 4 万元学费，儿子的学习成绩因此大大提高。然而，在一部分农民脱贫的同时，还有大量的农民在贫困线上挣扎，家庭联产承包责任制下的各自为政不能解决这部分农民的生计问题，而凭单个农民的力量无法拉高整个村的产业化水平。资本，尤其是部门化的资本下乡，成为联结小农户和大市场的中介。然而，多数农民专业合作社在农户分化和部门、资本占据优势的既定结构下发展成"大农吃小农"的合作社，农户经济组织化可能演变成兼业小农不断边缘化的农村组织化，石盆村在社工介入之前成立的合作社便是这种情形。

从石盆项目的经验来看，尽管有推动农村综合发展的目标，但仅仅培育专业合作社很容易陷入"大农吃小农"的困境。如果社工尝试兼顾小农的利益，就会跟大户的利益或产业化的需求相冲突，大户会员挑战茶协"不办实事"的背后，是社工没有将有限的资源全部用于强化资本的优势。从事农村研究的全志辉、温铁军（2009）指出，保障兼业小农利益建立的合作组织，应该是可以提供综合服务功能的社区合作经济组织，而在《石盆村茶业发展协会章程》里，茶协的业务范围都是围绕茶产业发展，并无综合服务的功能，只能满足少数专业化生产的农户的需要。让对产业化贡献不大的务农劳动力加入，会增加组织内部合作的成本，大户是不支持的。如果支持茶协增强综合功能，收益则和部门利益不能完全对接。[①] 石盆项目目前主要是民政部门在支持，其他部门包括村里的大户看重的是茶协的经济效益，但其他部门对茶协的支持不够，村里大户因茶协资源不足，投入的积极性下降。在这一困境下，项目组坚持将茶业发展基金的一部分用于补助村里的小户，并已开始考虑将石盆村的年轻男性和妇女逐步吸纳到茶协里，为茶协补充劳动力，并且申请民政部门资助，针对村里低保户开展劳动技能培训，但扶助这些并不处于资本优势地位的弱势群体将会面临茶协大户会员的阻碍。

在业务范围和组织结构既定的情况下，以经济发展为宗旨的茶协能走向具有多项社区功能的综合农协吗？还是成立新的社会组织，以承载教育、文化、公共服务等功能，建立合作组织的联社？从石盆项目所参考的山西省永济市蒲韩农民协会（后改称蒲韩乡村社区）16 年的发展历程来看，该协会走出了一条以经济事业支持社会事业、信用－供销－科技推广－社区教育文化－社会福利服务形成内部循环的独特道路，其前身"寨子科技中心"早在 1997 年就成立了，在寨子周边各村开展科技培训、社区文艺和教育、手工艺制作等活动，该协会的领导人郑冰带动各村的妇女在各种活动中起到了中坚骨干的作用。2007 年，该协会在民政局登记注册，同年应上级要求变更注册为蒲州镇果品协会，但蒲州镇果品协会无法涵盖已经开展多年的经济、社会、文化等各项事业。2008 年，原协会统辖下的各类农民专业合作组织纷纷登记为专业合作社，为了更好地分工合作，蒲韩乡村社

---

① 各部门的资源和某种专业服务有关，农业局的资源多为农业生产技术，供销社的资源主要是生产资料和农产品购销渠道，农村信用合作社的资源主要在信贷方面。一个有综合功能的农民专业合作组织难以跟多个部门对接。

区的称谓被创造出来。如今，包括永济蒲州镇农民协会在内的"农禾之家"网络联盟的农民专业合作组织已达 108 家，覆盖全国 18 个省级行政区，成为民间参与中国农民组织化运动的一股积极力量。从永济模式的经验来看，石盆项目首先建立专业合作社的做法，未来未必不能在当地实现社区综合发展的愿景，但是与永济模式相比，石盆村周边的农民专业合作组织数量要少一些，合作的整体环境可能更差一些。社区发展需要众多合作组织的联合、需要社工在地耕耘得更久一些，我们才能有希望在石盆村看到社区综合发展的图景。

## 参考文献

胡幼慧，2005，《质性研究：理论、方法及本土女性研究实例》，台北：巨流图书股份有限公司。

仝志辉、温铁军，2009，《资本和部门下乡与小农户经济的组织化道路——兼对专业合作社道路提出质疑》，《开放时代》第 4 期。

杨团、石远成，2013，《走进山西永济蒲韩乡村社区：一个自治的综合性农民合作组织联合体》，载杨团、孙炳耀等著《综合农协：中国"三农"改革突破口》，社会科学文献出版社。

# 由"划桨"到"掌舵":政府购买社工服务的个案研究

## ——以"阳光导航"计划武汉市不良行为青少年矫正服务项目为例

郭思源*

**摘　要:** 在提倡创新社会治理的背景下,政府购买社会工作服务的过程是政府探索如何由"划桨"到"掌舵"职能转移的过程。本文以"阳光导航"计划武汉市不良行为青少年矫正服务项目为例,描述和分析了在共青团武汉市委员会、武汉市民政局、民政部及李嘉诚基金会资助下,政府购买社会工作服务的本土经验与面临的问题。目前,政府购买社会工作服务已经实现了从无到有的目标,我们相信,未来将需要探索如何从有到优,让政府更好地发挥"掌舵"作用、激发公众参与的活力。

**关键词:** 政府购买服务　社会工作　政府职能转移　资助

## 一　政府购买服务的政策背景及研究综述

2011 年,《中共中央、国务院关于加强和创新社会管理的意见》强调,要形成党委领导、政府负责、社会协同、公众参与的社会管理格局。2013年国务院印发《国务院办公厅关于政府向社会力量购买服务的指导意见》(国办发〔2013〕96 号),明确要求在公共服务领域更多地利用社会力量,

---

* 郭思源,仲恺农业工程学院人文与社会科学学院社会工作与社会政策系教师,中山大学社会工作教育与研究中心特约研究人员,国家中级社会工作师,研究方向为社会工作实务、青少年儿童社会工作、社会工作项目管理。

加大政府购买服务力度。2015 年财政部、民政部和工商总局联合制定的《政府购买服务管理办法（暂行）》开始实施，进一步确定了政府购买服务的内容、方式和经费管理办法。近年来，国家出台了一系列政策文件，强调创新社会治理、转变政府职能，让更多的社会力量参与到公共服务中来。新公共管理理论认为，政府职能应由"划桨"转为"掌舵"，政府负责公共服务的提供，但并不一定由政府亲自提供，可以由社会组织与企业来提供公共服务，从而形成竞争机制，提高公共服务供给的质量和效率（李军鹏，2013）。有学者认为，所谓政府购买公共服务是指政府通过公开招标、定向委托、邀标等形式，将原本由自身承担的提供公共服务的职能转交给社会组织、企事业单位履行，以提高公共服务供给的质量和财政资金的使用效率，改善社会治理结构，满足公众的多元化、个性化需求（徐家良、赵挺，2013）。而根据《政府购买服务管理办法（暂行）》，政府购买的公共服务包括教育、就业、社保、医疗卫生、住房保障、文化体育及残疾人服务等。

然而，公共服务领域非常广泛，涉及人民生活和社会福利保障的各个方面，社会工作服务则是公共服务的重要组成部分。2012 年出台的《民政部、财政部关于政府购买社会工作服务的指导意见》指出，社会工作服务是社会工作专业人才运用专业方法为有需要的人群提供的包括困难救助、矛盾调处、人文关怀、心理疏导、行为矫治、关系调适、资源协调、社会功能修复和促进个人与环境适应等在内的专业服务。政府购买社会工作服务，是政府利用财政资金，采用市场化、契约化方式，向具有专业资质的社会组织和企事业单位购买社会工作服务的一项重要制度安排。社会工作服务是面向个人、群体和社区层面的服务，个人与个人、个人与群体、群体与社区之间存在复杂的关系和改变机制。因此，政府购买社会工作服务相对于购买其他公共服务来说又有其独特性。

在创新社会治理的背景下，政府购买公共服务亦是公共管理、社会学、社会工作等领域的学者研究的重要议题。不同学者从不同的理论视角出发来研究和讨论政府购买公共服务的问题。社会学、社会工作领域的学者多从福利多元、社会福利社会化、资源依赖等社会福利视角来讨论政府购买社会工作服务的问题（赵园，2013；唐咏，2010；周芳芳，2014）。对于政府与社工的关系，则有学者从嵌入视角来进行研究和分析（朱健刚、陈安娜，2013；王思斌、阮曾媛琪，2011）。此外，近年来，较多学者以地区发展、社工机构和社区服务中心为例讨论政府在购买社会工作服务过程中存在的问题与面临的困境（蔡慧，2013；余冰、郭伟信，2012；林宝荣，2015；马贵侠、叶士华，2014；杨梨，2014）。在公共管理领域，有较多的学者从学理角度研究和讨论政府购买公共服务中的体制机制问题，而鲜有学者就某个个案及购买社会工作服务的问题进行研究（贾博，2014；李军鹏，2013；徐家良、赵挺，2013；郑苏晋，2009）。此外，上述研究多以广州、上海、深圳等政府购买公共服务和社会工作发展较早的沿海城市为案例，而对武汉等内地城市则较少有学者研究。因此，在社会工作领域讨论的基础上，本文期望从公共管理理论视角对"阳光导航"计划武汉市不良行为青少年矫正服务项目进行个案研究，探索政府职能转变及购买社会工作服务的经验和面临的资助问题。

## 二 个案概况："阳光导航"计划武汉市不良行为青少年矫正服务项目

民政部、李嘉诚基金会"大爱之行——全国贫困人群社工服务及能力建设"项目（以下简称"大爱之行"项目）通过立项资助全国110个社会工作服务项目，为贫困人群提供人性化、个性化和专业化的服务，改善受助人群的生活境遇，加强社会工作专业人才与民办社工服务机构能力建设。"大爱之行"项目资助的110个社会工作服务项目中，重点示范项目20个、小额创新项目90个。"阳光导航"计划武汉市不良行为青少年矫正服务项目通过审核，成为"大爱之行"项目中的重点示范项目。此次"大爱之行"项目资助内容涉及医疗与精神健康社会工作服务、城市流动人口社会工作服务、农村留守人员社会工作服务、特殊人群社会工作服务、老年人社会工作服务、儿童及家庭社会工作服务、残疾人社会工作服务、妇女与婚姻家庭社会工作服务、贫困与失业人员社会工作服务和社区社会工作服务十个服务领域。"阳光导航"计划武汉市不良行为青少年矫正服务项目主要以社区青少年及大学生志愿者为服务对象，并透过组织大学生志愿者建立百人大学生公益圈服务社区青少年，预防青少年不良行为及犯罪的发生。同时，项目以江汉区、硚口区和汉阳区为试点服务区，在每个行政区选择一个社区作为切入点开展服务，以点带面覆盖其他街道和社区。

"大爱之行"项目资助"阳光导航"计划武汉市不良行为青少年矫正服务项目的周期是2014年7月至2015年12月，由武汉博雅社会工作服务中心（以下简称博雅）承接。从2012年7月起，博雅就在武汉市民政局的资助下开始在江汉区天后社区、硚口区学堂社区和汉阳区建港社区为本地青少年提供服务。在"大爱之行"项目资金的支持下，"阳光导航"计划武汉市不良行为青少年矫正服务项目在大学生志愿服务组织和管理、社工服务能力及管理能力提升以及探索资金多元化运作方面取得了不少成果，为本土社会工作服务的开展积累了宝贵的经验。本研究亦在"大爱之行"项目的资助下，由第三方研究人员开展项目实地考察、对项目管理者和政府官员进行访谈并搜集资料。在此，我们以"阳光导航"计划武汉市不良行为青少年矫正服务项目为个案，研究在政府购买社会工作服务资金的资助下项目发展的历程，呈现项目的成果以及所遇到的问题。为了更加完整地呈现整个项目的实施过程，我们将2012年7月至2014年7月在当地政府资助下项目的实施情况以及2014年7月至2015年7月在"大爱之行"项目和当地政府共同资助下项目的实施情况都纳入本研究中，以总结本土社会工作服务项目的实施情况及取得的经验、面临的问题。

## 三 政府购买青少年社会工作服务的经验

### （一）武汉市政府购买青少年社会工作服务的情况

在政府购买社会工作服务的过程中，政府的政策和资助情况是影响购买服务行为的重要因素。而"阳光导航"计划武汉市不良行为青少年矫正服务项目是在武汉市民政局和共青团武汉市委员会大力推动的背景下开展的。

2007年，武汉市获批全国青少年事务社会工作者试点城市，共青团武汉市委员会启动了武汉市青少年空间项目，公开招考、择优选拔了38名专业社工，为青少年提供公益服务。由此可见，武汉市最初是通过设置社工岗位并公开招考的形式选拔青少年事务社会工作者，在武汉市各社区的青少年空间中为青少年提供服务。这是武汉市政府推动青少年社会工作的早期尝试。

2012 年，武汉市委人才工作领导小组办公室印发了《武汉市社会工作专业人才队伍建设试点工作实施方案》，按照"一领域、一项目"的原则，采用向民办社会工作机构购买服务的方式，投入经费 180 万元，购买社会工作岗位 37 个，在全市开展 6 个社会工作服务项目。① 至 2014 年，武汉市在 7 个中心城区开展社工服务"1+5"试点工作，组织实施政府购买社会工作服务项目 42 个，投入资金 420 万元，购买 70 个专业社工岗位。② 而"阳光导航"计划武汉市不良行为青少年矫正服务项目正是 2012 年武汉市按照"一领域、一项目"的原则开展的 6 个政府购买社会工作服务项目之一。2012 年，武汉市民政局通过政府购买社会工作服务的方式向博雅购买为期 3 年的青少年社会工作服务。此次购买服务由武汉市民政局、共青团武汉市委员会和博雅签订三方协议，其中民政局作为购买方、共青团武汉市委员会作为业务主管方。武汉市民政局按照每名社工 5 万元/年的标准为"阳光导航"计划武汉市不良行为青少年矫正服务项目提供 6 个社工岗位共 30 万元/年的经费。而这 6 名社工由机构派驻到不同的社区青少年服务站，为本地青少年提供服务。

经过三年的探索，截至 2014 年 11 月底，作为青少年事务社会工作者试点的社区青少年服务站已经完成需求评估报告 12 份、中期报告 12 份、末期报告 9 份，为青少年建档 513 份，服务典型个案 42 个，开展及时辅导 700 次，开设特色青少年小组 40 个，开展社区活动 340 场，招募志愿者 120 人，组织志愿服务达 2000 个小时，社工宣传 24 场，链接社会资源 40 次，取得了显著成效。③

---

① 《武汉市积极推进社会工作专业人才队伍建设试点》，http://www. hbmzt. gov. cn/xxgk/redjj/sgrc/sgqk/201207/t20120713_131957. shtml。

② 《武汉市召开区级政府购买社工服务项目现场推进会》，http://www. hbmzt. gov. cn/xxgk/redjj/sgrc/sgqk/201412/t20141209_197749. shtml。

③ 引自共青团武汉市委员会《青少年社会工作（2012~2014 年）发展概述》。

## （二）"阳光导航"计划武汉市不良行为青少年矫正服务项目的实施

在武汉市民政局的政府购买社会工作服务资金支持和共青团武汉市委员会推动下，博雅自 2012 年开始先后派社工驻点江汉区天后社区、硚口区学堂社区、汉阳区建港社区，建立了社区青少年服务站，为社区的青少年提供常规化、专业化的服务。

### 1. 服务初期：开展常规服务，满足基本需求

从服务开始至今，"阳光导航"计划武汉市不良行为青少年矫正服务项目开展了"四点半课堂"、"放学吧"、"寒暑假托管"和"星期五课堂"等常规青少年服务。同时博雅社工根据每个社区的特点和资源，因地制宜，动用社区资源开展常规服务。例如，社工在天后社区针对社区外来工子女开展"四点半课堂"课业托管服务、在民意街开展"放学吧"服务。同时，博雅社工通过承接由共青团武汉市委员会与武汉市"小时候"公司联合举办的"Happy House——2014 暑假托管活动"，在天后社区开展相关的服务。此外，社工还开展了系列主题活动周活动，如"安全自护"活动周、"城市创建我参与"活动周、"彩绘中国"活动周、"我与经典"读书活动周等活动。①

在建港社区，社工根据社区青少年的特点在"四点半课堂"、暑假托管服务中加入了专业的元素：第一，社工根据青少年在学习中的不良表现，制定具体行为评分制度，从而培养社区青少年自我管理的能力，并让青少年在"四点半课堂"中学习"四点半公约"等，培养青少年的规则意识；第二，在暑期托管中，社工开展了一系列主题活动周活动，在注重挖掘青少年潜能的同时为青少年提供自我展示的平台。

博雅社工在开展常规服务的过程中注重为后续的专业服务做铺垫：第一，社工在开展"四点半课堂"课业托管服务时向社区青少年家长派发家长意愿调查表，并宣传社区青少年服务站的小组活动和社区活动；第二，在托管服务中，社工注意发掘个案对象，针对有需要的青少年开展个案服

---

① 参考《博雅专项服务·青少年服务篇》，《武汉博雅社会工作服务中心 2014 年年报》。

务。在开展社会工作服务初期，社工作为新的成员进入社区通常会面临两种情况：一是社工对社区居民和青少年的需要与问题了解得不够深入；二是社区居民也不知道社工是谁、能为他们提供什么服务。因此，开展常规服务是社工深入了解社区需求、与服务对象建立关系的重要环节。

### 2. 根据不同社区的特点设计青少年服务

在所服务的三个社区中，各个社区的情况和青少年的需求有不同的特点，博雅社工为社区青少年设计了差异化的服务。江汉区民意街天后社区地处武汉市的老城区，社区中外来人员较多。在访谈的时候社工告诉笔者："建港社区，这里条件相对可能还好一些，那边（天后社区）有时候走进去看着真的很心酸的，孩子们都是直接趴在床上写作业，采光各方面也比较差，没有一个很好的学习环境。"因此，社工针对青少年的父母多忙于生计而没有时间和精力关注他们的学业的特点，开展"四点半课堂"课业托管服务，为青少年提供良好的学习环境，并及时给予课业辅导。

而在建港社区，双职工家庭、隔代家庭比较多，所以社工有针对性地开设亲子沙龙、编排亲子情景剧、开展"隔代教育"服务。

### 3. 探索青少年专业化服务

个案、小组和社区工作是社会工作三大工作手法。博雅社工针对社区青少年（特别是小学生群体）开展了一系列个案、小组和社区层面的专业服务。[1] 在个案工作方面，博雅社工通过在社区驻点及入校服务，为有需要的个案提供帮助。例如，在社区青少年服务站中，社工发现一名学生经常欺负其他同学，有时甚至把其他同学打伤。社工就对该同学进行家访，获得了他来自单亲家庭等资料，并有针对性地开展个案工作。此外，社工还通过小组活动关注个别组员的需要，如有需要再开展个案工作。例如在入校开展的小组活动中，社工发现一名脾气比较暴躁的学生，且该学生在社工给定主题的绘画作业中画了一头悲惨的牛。社工通过家访及与学校沟通，进一步了解该学生的情况并且开展个案介入工作。

在小组工作方面，博雅社工为天后社区的青少年组织了"智能机器

---

① 《博雅专项服务·青少年服务篇》，《武汉博雅社会工作服务中心 2014 年年报》。

人"、"舞蹈 Time"等兴趣类小组。同时，在学堂社区和建港社区，社工为青少年开展了"日常急救小知识"、"爱护环境环保小组"和"学会感恩"等不同主题的小组工作。针对小学生在人际沟通过程中经常出现互相打骂等问题，社工还开设了"性格放大镜"、"人际交往小组"等有针对性的小组。例如在"性格放大镜"小组中，社工分别开展了"独一无二"、"我有我天分"、"百家争鸣"、"性格多面镜"及"我是个有性格的人"等多节分主题的小组活动，让小学生能够在小组工作过程中更多地了解自己的性格、掌控自己的情绪，学会与他人相处。

在社区工作方面，社工通过开展"孩子也有中国梦"等大型社区活动，让家长在参与中了解社区工作。此外，社工还在"寒暑假托管"平台基础上，召集对合唱感兴趣的青少年成立了"Happy Day"、"Supper Baby"、"阳光合唱团"三个合唱队，并参与了 2012、2013 年洲头街"武汉之夏纳凉晚会"的表演。而在培育合唱队的过程中，社工充分尊重社区青少年的选择权、发言权，促进青少年团体自我管理、自我决策、团结互助。在社区工作的基础上，社工不断探索"社工进校园"的服务形式，为青少年提供服务，搭建了天一街小学、惠康里小学、武汉市电子信息职业技校、友谊路小学、武汉市第七十五中学的"五校联盟"平台。

### （三）"阳光导航"计划武汉市不良行为青少年矫正服务项目的成果

"阳光导航"计划武汉市不良行为青少年矫正服务项目进行了两年的探索，而"大爱之行"项目开始资助时正是该项目实施的第三年。笔者总结"大爱之行"项目资助"阳光导航"计划武汉市不良行为青少年矫正服务项目的成果如下。

（1）探索基金会、民政部、当地政府多层级资金资助。"大爱之行"项目是由李嘉诚基金会与民政部共同资助、面向全国的政府购买服务项目，创新了基金会与政府部门合作的方式。"阳光导航"计划武汉市不良行为青少年矫正服务项目在 2014 年 7 月至 2015 年 12 月共获得"大爱之行"项目的 20 万元资助，同时还获得了武汉市民政局提供的 20 万元、共青团武汉市委员会提供的 15 万元的经费资助。因此，"阳光导航"计划武汉市不良行为青少年矫正服务项目为探索中国本土多层级、多方资助的政府购买社工作服务提供了宝贵经验。

（2）加强了本土社工机构、社工的能力建设。"阳光导航"计划武汉市不良行为青少年矫正服务项目获得"大爱之行"项目的资助后，博雅社工通过"大爱之行"项目的平台参加了多次培训和交流活动。例如，2014年8月在汕头参加行动研究的相关培训，2014年11月参加在长沙举办的三区计划暨"大爱之行"培训班，2015年2月参加在厦门的社会工作标准化专题培训班，2015年4月参加在合肥的"大爱之行"项目中期成果交流会，等等。通过参加社工能力建设培训班和交流会，博雅社工学习了项目发展的逻辑模式、行动研究等项目管理和研究的理论，促进了全国各地"大爱之行"项目管理者的经验交流与相互学习。

（3）搭建百人公益圈，志愿者管理更规范。"大爱之行"项目希望通过搭建百人公益圈带动高校的志愿者参与社区青少年服务。在一年多的服务过程中，社工招募武汉市各高校的志愿者为辖区内的青少年提供服务，并加强了对志愿者的培训、管理。从2014年7月至2015年9月，项目已招募大学生志愿者80人，志愿者服务时长为280个小时。此外，在社工的引导下，大学生志愿者能够独立举办兴趣班等小组活动，并协助社工开展青少年成长等专业小组活动。

## （四）小结

从"阳光导航"计划武汉市不良行为青少年矫正服务项目案例中，我们可以看到该项目在武汉市民政局、共青团武汉市委员会、民政部和李嘉诚基金会"大爱之行"项目多方资助下所取得的成果。一方面，在各级政府购买服务资金的资助下，"阳光导航"计划武汉市不良行为青少年矫正服务项目和社区青少年服务站实现了"从无到有"的突破。该项目的发展实现了服务青少年职能由共青团和民政部门向专业社会工作服务机构转移的第一步，展示了政府探索购买社会工作服务的成果。另一方面，博雅社工进入社区开展社会工作服务对居民来说是一件新鲜的事。居民从不认识社工到认识社工并接受服务是一个巨大的转变。在服务前期，社工开展了大量的常规服务、组织大型活动并探索"社工进校园"服务。未来的三年，或许是博雅社工继续加强自身能力建设、探索社区青少年服务从常规化向更加专业化、个性化和系统化发展的阶段。此外，"阳光导航"计划武汉市不良行为青少年矫正服务项目在实现"从无到有"的政府购买社会工作服务过程中也遇到了不少问题，下面我们将继续探讨如何解决这些问题，实现"从有到优"的发展。

## 四　如何从有到优：政府购买社会工作服务的资助问题

在中国，社会工作作为一股新兴的专业力量正在为政府和大众所接受。而政府购买社会工作服务是近年才逐渐被各地政府提出和探索的利用社会力量参与社会治理的新形式。在各地政府购买社会工作服务"从无到有"迅速发展的背景下，政府购买社会工作服务的方式、政策支持、政府与社工机构的关系、非营利机构免税制度和第三方评估等都是亟待研究的问题。在此，我们以"阳光导航"计划武汉市不良行为青少年矫正服务项目为例，分析政府购买青少年社会工作服务的政策环境、政府购买社会工作服务下的关系及其对社会工作服务开展的影响。当然，这些问题并不是"阳光导航"计划武汉市不良行为青少年矫正服务项目所独有的，我们希望通过案例分析，能"一叶知秋"、"见微知著"，反观全国范围内政府购买社会工作服务中的资助问题。

### （一）"阳光导航"计划武汉市不良行为青少年矫正服务项目的资助历程

武汉市民政局探索政府购买社会工作服务的过程与广州非常相似。2012～2014年是"一领域、一项目"的专项试点阶段。2014年，武汉市在7个中心城区开展社工服务"1＋5"试点工作，组织实施政府购买社工服务项目42个，投入资金420万元，购买70个专业社工岗位。2014年，武汉市民政局政府购买社工服务模式的变化主要体现在两个方面：①政府购买社工服务由购买专项服务向购买综合服务（每个区10名社工）转变；②武汉市民政局将政府购买社工服务的职能下放至区民政局，由区民政局决定购买社工服务的模式和服务形式。

**表 1　"阳光导航"计划武汉市不良行为青少年矫正服务项目资助历程**

| | 2012.7 ~ 2013.4 | 2013.4 ~ 2014.4 | 2014.4 ~ 2015.4 (2014.7"大爱之行"项目资助) | 2015 年 4 月至下一年 (市民政三年结项) |
|---|---|---|---|---|
| 社区青少年服务站 | 6 个 一站一社工 | 3 个 一站两社工 | 3 一站两社工 | 1 个 一站三社工 |
| 社工人数 | 6 | 6 | 6 | 3 |
| 服务社区 | 汉阳区（一个社工一个社区） | 建港、天后、学堂 | 建港、天后、学堂 | 建港 |
| 资金来源 | 市民政局 | 市民政局 | 市民政局 | 社区、街道、"大爱之行"项目 |
| 资助金额 | 4.5 万元/社工×6 人 | 5 万元/社工×6 人 | 5 万元/社工×6 人 | |

注：2014.7 ~ 2015.12"大爱之行"项目资助 20 万元。

　　"阳光导航"计划武汉市不良行为青少年矫正服务项目是在武汉市民政局探索政府购买社工服务的背景下产生的。在前文中，我们已经简单介绍了该项目获得武汉市民政局和"大爱之行"项目资助的情况。而我们从表 1 中可以清晰地看到该项目的社工人数、服务社区等方面的变化。其中，有两个方面值得我们注意：一是在 2014 年度该项目同时获得武汉市民政局和"大爱之行"项目资金的支持；二是 2012 ~ 2015 年，该项目服务的社区不断变化。其中，2012 年该项目的 6 名社工在汉阳区的 6 个社区分别驻点，而 2013、2014 年度该项目的驻点社区改为三个社区且每个社区有两名社工驻点。2015 年，武汉市民政局的资助结束，该项目服务社区缩减为一个。在此，我们不仅看到该项目服务社区的变化，也看到政府资助对该项目的影响。

## （二）政府购买社工服务处于探索阶段

### 1. "盆景式"试点资助

武汉市首次尝试政府购买社工服务正式开始于 2012 年，以购买专项服

务的形式，按社工岗位数量为承接项目的社工机构提供资金支持。2012～
2014 年，武汉市民政局以政府购买专项社工服务的形式探索不同的购买社
会工作服务的形式。2015 年，武汉市民政局资助"阳光导航"计划武汉市
不良行为青少年矫正服务项目结项。从 2014 年开始，武汉市民政局购买社
工服务的方式从购买专项服务改为购买综合服务（每个区 10 名社工）。而
这样的政府探索购买社工服务的过程，在一定程度上使社工产生了不稳定
的感觉：

> 那么我们一般来说现在一个试点是三年，三年以后，政府会以一
> 种什么样的形式或者模式去推动你呢？也没有一个很明确的说法。那
> 么作为机构的管理人员和社工，他们都会对这个职业的前景包括行业
> 抱有质疑的态度。人都会担忧。

同时，政府也在不断探索资助的形式。2014 年，武汉市民政局将政府
购买社工服务的职能下放至区民政局后，每个区都有不同的社工岗位分配
方式。例如，某区的 10 名社工，有 5 名社工是在街道层面，而另外 5 名社
工则被分配到同一街道的不同社区中，这相当于该区 10 名社工都被分配到
同一个街道的试点。而其他区则可能是 5 名社工被分配到一个街道，而另外
5 名社工被分配到不同街道的不同社区中。而在这种分区探索的模式中可能
还会存在每年社工服务的社区都不一样的情况。例如，社工反映说：

> 今年我们的这个试点，都是按照原先一年一年地去签订的，一年
> 一年去签订就导致这个市级项目、区级项目的不稳定性非常大。比如
> 说区级选择的 6 个点在不同的社区，可能今年的 6 个社区跟第二年的
> 6 个社区是完全不同的，那就是说一个项目的就是只能规定一年的
> 时间。

由此可见，武汉市作为刚刚开始探索政府购买社工服务时的城市，其
经验与广州等城市刚开始探索政府购买社工服务时的经验非常相似。在访
谈中，我们将其总结为政府的"盆景式"试点资助。政府或许希望在不同

的时期、不同的社区探索不一样的政府购买社工服务的形式，最终再看哪种形式最好。在此，我们不能说哪种政府购买服务的形式更好，这确实需要当地政府在探索中不断总结经验。但我们必须敏锐地觉察到这个探索的过程对社工机构和社工服务开展的影响。

### 2. 资助背后双方心态的变化

在政府"盆景式"试点资助背后，我们也尝试去探究双方心态的变化。一方面，政府购买社工服务的过程，是政府尝试一种新的职能转移和重新定位的过程，而社会工作则作为在这一过程中产生的一种新的公共产品。正如我们访谈的某政府职能部门的工作人员所说：

> 我想从政府这个角度来看，他不了解这个行业，他并不知道这个行业是否会带来更大的社会收益。所以通过试点的方式来说也是一个非常正常的想法，我不知道这个做得好还是不好，那么我试一试，我不可能前期就投入更多的资金，那么我先来试一试。

而对社工而言，政府不断变化购买社工服务的形式让他们感到这个行业的不稳定性和不安全感，这或许是目前武汉及社工服务发展相对较早的广州、深圳等城市中社工流动性较大的原因之一。

> 那么在换点的过程当中，我的机构在这个换点的过程中经历非常明显的一点：在换点的过程当中，人员就会有所流失，很明显，社工会告诉我为什么会选择离开，他觉得就是这个行业太不可持续。
> 刚刚做到这个点上的事情，就是全心全意的过程投入，那把关系确立起来，那把资源链接活络起来，刚刚开始有点起色，他立马就要换掉，换到另外一个点上，他觉得自己又得重新开始，他没有那么多的信心不停地去经历这么多的开始。

因此，在探索政府购买社工服务的初期，政府与社工机构、社工都处于探索中。而另一方面，社工服务又恰恰是做人的工作，它的成效并不一定能够立竿见影，而是需要漫长的时间去深耕。而这也是在探索政府购买社工服务过程中所面临的问题和矛盾。正如我们的社工所感叹的："作为我们社工的工作来说，有一个非常重要的，可能是前期关系的建立……那这一年的时间是否足够使我们的关系达到很亲密或者说是有专业的信任感？"

### （三）资助下的契约关系有待改善

#### 1. 政府与社工机构的角色分工

从公共产品理论视角出发，学者认为传统意义上公共服务的安排与生产是一个概念，但如今服务提供或安排与服务生产之间的区别是明显且十分重要的，它是政府角色界定的基础（徐家良、赵挺，2013）。在政府购买社工服务的初期，我们原有的以街道和居委会为基础的政府治理体系与社会福利体系处于稳定的状态。而社工机构等新兴第三部门作为社区服务提供中新的成员加入原有的已经稳定的社会体系中，这就形成了社会学和社会工作学者所讨论的嵌入关系（王思斌、阮曾媛琪，2011）。在这种嵌入关系的背景下，社会工作者和街道、居委会工作人员在实际工作中就可能会面对一种角色分工不清的问题。

> 项目在社区的话，他（街道）会要求你跟工作人员去值班。同一个社区的，那他就会要求说你也是社区的一员，你也需要承担社区大大小小的活动。他就会觉得他就是在管你，他会觉得这里需要人，就会让你帮忙做。……像他们就是检查得更多。各种（工作）都会堆压到社区，社区有各种部门，有时候检查就会扰乱我们工作的一个安排吧。因为他们都会说你们已经做了，所以他们需要就会把我们的资料拿去打印。这样就相当于他们把工作都积压给我们了嘛。

学者朱健刚、陈安娜（2013）以广州市某街道的政府购买社工服务为例，研究了嵌入中的专业社会工作与街区权力关系。该研究指出，在政府购买社工服务项目的过程中，即使与区政府、街道签订了协议，三方的角色及权利、义务仍然存在不少模糊地带。而在武汉市政府购买的青少年社会工作服务和综合服务项目中，政府仅按购买的社工岗位提供资助，而社工办公的场地、活动所需物资等则由街道或社区居委会提供。社工一方面面临资金源于街道的现实并在活动中要与街道、居委会合作，另一方面两者并不是一种明确的契约关系，而是一种微妙的权力合作关系。这一情况与朱健刚、陈安娜（2013）研究的广州市政府购买社工服务项目的情况类似："评估完成后，还要经历从市级到区级再到社工机构这一耗时极长的项目拨款过程，环环相扣的资助程序使得项目在一年内两次陷入'断粮'的困境。"因此，朱健刚、陈安娜（2013）指出，这使得街道办事处增强了管控社工的实质能力，从而形成强政府、弱专业的权力不对等状态。然而，从政府公共管理的角度出发，学者贾博（2014）指出，政府购买公共服务主体间的理想关系应该是双方建立在制度和信任基础上的合作关系。因此，目前政府购买社工服务中的政府与社工机构的关系仍有待进一步厘清，并建立起基于制度和信任的合作关系。

**2. 多方资助下服务指标的细节问题**

在政府购买社工服务的过程中，服务指标是双方都关注的。政府购买社工服务一般是通过招投标的方式确定承接购买服务项目的社工机构。而招投标的标书中一般都会明确地列出社工机构在承接项目后要完成的服务指标。学者贺巧知（2014）将这种政府购买服务的方式称为合同外包，而合同外包使安排者和生产者分离，通过合同方式形成明确的契约约束，便于绩效管理与监督。但是，贺巧知（2014）同时指出，合同签订后，在公共服务的生产过程中，容易出现数量短缺、质量不达标等问题。以"阳光导航"计划武汉市不良行为青少年矫正服务项目为例，该项目不仅获得了武汉市民政局给予的 2012～2014 年的经费资助，也在 2014 年 7 月获得了"大爱之行"项目的经费资助。在多方资助的情况下，社工在同一项工作上的服务工作量是只算其中一个资助项目的服务指标，还是同时算作两个资助项目的服务指标呢？如果在政府购买社工服务的合同中没有明确标明资助项目是否有排他性，同时又缺乏监管，则可能出现将同一服务工作量归到多个资助项目中的风险。当然，在社会工作服务发展的初期，政府购买社工服务的经费较为短缺，因而社工机构申请多方资助对缓解机构、项目资金不足的情况有重要的作用。但是，在发挥多方资助优势的同时，我们也需要不断完善政府购买社工服务的合同与监管，使双方基于契约的权责更加清晰。

　　因此，我们期望政府在购买社工服务的过程中，政府与社工机构能够逐渐厘清双方的角色分工和定位，并建立一种基于制度信任的契约合作关系。

# 五　总结与展望

　　中国大陆的政府购买社会工作服务刚刚起步，政府与社工机构双方仍处于试探合作的阶段。本文以"阳光导航"计划武汉市不良行为青少年矫正服务项目的发展为个案，呈现并研究了武汉市政府购买社会工作服务的发展历程。我们欣喜地看到，武汉市政府在社会治理的背景下开始探索如何转移自身职能，让社工机构承接青少年及更多领域的社会服务，实现了社工服务项目"从无到有"的突破，并为服务对象带来了实质的益处。如今，武汉市政府购买社工服务已经发展到第四个年头，并积累了不同资助模式下的宝贵经验。我们热切地期望武汉市的政府购买社工服务能够逐步走向稳定和成熟，最终在"从无到有"的基础上实现"从有到优"。

**参考文献**

蔡慧，2013，《我国政府购买社工服务的实践研究与反思》，南京大学硕士学位论文。

贺巧知，2014，《政府购买公共服务研究》，财政部财政科学研究所博士学位论文。

贾博，2014，《政府购买公共服务中的主体间关系的理论分析》，《学习论坛》第 7 期。

李军鹏，2013，《政府购买公共服务的学理因由、典型模式与推进策略》，《改革》第 12 期。

林宝荣，2015，《地方政府购买社会工作服务的现实困境与创新之道》，《理论导刊》第 3 期。

马贵侠、叶士华，2014，《政府向社会工作机构购买服务的运作机制、困境及前瞻》，《广东工业大学学报》（社会科学版）第 1 期。

唐咏，2010，《从社会福利社会化视角思考政府购买社工服务的行为》，《甘肃社会科学》第 3 期。

王思斌、阮曾媛琪，2011，《和谐社会建设背景下中国社会工作的发展》，《中国社会科学》第 9 期。

徐家良、赵挺，2013，《政府购买公共服务的现实困境与路径创新：上海的实践》，《中国行政管理》第 8 期。

杨梨，2014，《政府购买服务：民办社工机构的困境与对策》，《社会工作与管理》第 4 期。

余冰、郭伟信，2012，《政府购买服务的理论与实践探讨——以广州仁爱社会服务中心的社工服务购买为例》，《广东工业大学学报》（社会科学版）第 1 期。

赵园，2013，《福利多元视角下的政府购买服务研究》，南京大学硕士学位论文。

郑苏晋，2009，《政府购买公共服务：以公益性非营利组织为重要合作伙伴》，《中国行政管理》第 6 期。

周芳芳，2014，《合作、冲突与调适：社工组织与政府的互动关系研究》，《社会福利》（理论版）第 4 期。

朱健刚、陈安娜，2013，《嵌入中的专业社会工作与街区权力关系——对一个政府购买服务项目的个案分析》，《社会学研究》第 1 期。

# 佛山市南海区医务社会工作服务标准研究

## ——以医路同行——南海人民医院医务社工服务计划为例

吴耀健*

**摘　要**：社会工作服务快速发展，对服务的成效进行评估不可或缺，服务标准的研制也日益受到重视。本文以南海区医务社会工作服务标准研制为例，描述医务社会工作服务标准研制的背景、研制标准的理由和意义、研制标准的过程、标准的内涵概要，探讨渗透在标准研制过程中的重要价值理念：注重公平与尊重；强调倡导与行动。

**关键词**：医务社会工作　社会工作　服务标准

## 一　标准研制的背景

作为社会建设的重要一环，社会工作自 2007 年起在广东省特别是珠三角地区得到大力推动，获得快速发展。佛山市南海区地处珠三角核心地带，经济社会发展处于转型期，社会矛盾突出，凸显了对社会工作的巨大需求。《中共佛山市南海区委员会、佛山市南海区人民政府关于加强和创新基层社会管理工作的意见》（南发〔2011〕13 号）提出，要创新服务机制，完善服务体系。为了响应政府号召，2011 年 9 月，南海区卫生和计划生育局协同南海人民医院及佛山市南海区启创社会工作服务中心，发起了佛山首个医务社工服务计划——南海人民医院医疗社工支援计划（医路同行——南

---

* 吴耀健，顺德职业技术学院社会工作专业讲师，中山大学社会工作教育与研究中心特约研究人员，研究方向为青少年社会福利与社会服务、社会工作机构运营与项目管理。

海人民医院医务社工服务计划的前身)。目前,南海区已经在 6 家区内医院推行医务社会工作,主要为病人及其家人和医护人员提供情绪支持及辅导服务,为病人在身心恢复健康及融入社会的过程中提供必要的协助,为医护人员提供适时的医疗社会服务支援并协调医患关系。随着南海区在医务社会工作领域的投入逐渐增加,社会组织的服务成效、政府投入的成本收益、社会公众问责等问题逐渐凸显。如何对医务社会工作的服务质量进行监察、促进服务规范化、保证服务可持续发展成为关键问题。

为此,佛山市南海区卫生和计划生育局联合佛山市南海区启创社会工作服务中心,提出医务社会工作服务标准研制课题,期望紧密结合南海区医务社会工作服务现状及发展趋势,通过调研,并借鉴香港等地区的先进经验,研制符合南海区实际情况的医务社会工作服务标准。

## 二 标准研制的理由和意义

成效评估是推行社会服务的重要环节(香港基督教女青年会、陈锦棠,2006),而成效评估通常须参照一定的服务标准,因此研制服务标准也是开展社会服务所不可或缺的一项工作。所谓服务标准,即用文字清楚地表达出期望服务达到的质素。基于服务标准开展的服务和评估工作,由五个步骤构成:用文字写下所期望的服务质素、做所写的、记录所做的、检视所做的和持续不断地改善。当前,南海区启动医务社会工作服务标准研制工作的时机比较成熟。随着佛山市在 2014 年全面启动建设人民满意政府工作,致力于打造民生政府、高效政府、法治政府、诚信政府、责任政府、廉洁政府,南海区开始进入社会治理日益重视问责、交代和讲求客观理据的时代。因此,研制南海区医务社会工作服务标准,能指引服务提供相关方(社工机构、医院、相关职能部门等)推行服务、规范服务发展,以及提升服务质素,有助于达到问责的要求并有所交代。

自 2011 年医务社工服务计划启动以来,南海区医务社会工作呈现蓬勃发展态势,服务理念由"以医患关系为中心提供服务"转变为"以服务对象为中心提供系统性服务",服务项目增多,服务类型趋于多元化,初显社会工作服务的系统性和整合性,这意味着南海区医务社会工作服务的发展从最初的探索期开始进入稳定成长期。此时有必要研制南海区医务社会工作服务标准，为今后的服务发展指明基本的方向，并不断推动医务社会工作者成长。

基于以上理由，当前研制南海区医务社会工作服务标准，至少有以下几点意义：第一，提炼过往服务经验，达成医务社会工作的专业基本共识，有利于促进社会对医务社会工作的了解，进一步推动医务社会工作服务发展；第二，为指引和规范医务社会工作服务发展提供依据，为监察服务和评估服务成效提供参考标准，有利于加快建立公共卫生服务的问责机制；第三，为医务社会工作服务提供方（社工机构）提供改善和升级服务的参考标准，有利于进一步提升公众对医务社会工作服务的认可度；第四，间接地提升医务社会工作服务的质量，最终保证及提升服务对象的福祉。

## 三　标准研制过程

要研制切实可行的服务标准，首先要求做大量的文献研究工作以提炼可借鉴的经验；其次，必须结合南海区医务社会工作服务发展的实际情况及可利用的条件，对借鉴的经验进行本土化改造及可行性分析；最后，必须科学地制定及执行研究流程，严格把关，确保研究信度，保证研究质量。

第一，通过文献了解其他国家及地区社会服务质量标准体系及基准研究经验，包括全美社会工作者协会所制定的健康照顾中心社会工作服务标准（NASW Standards for Social Work Practice in Health Care Settings）、中国香港社会服务质素标准（Service Quality Standards）、中国台湾新医院评鉴标准、广州市家庭综合服务质量标准和上海医务社会工作发展经验等，归纳出医务社会工作服务标准制定的常见模式及方法路径，然后结合香港特别行政区社会福利界及政策研究资深人士的经验，设计南海区医务社会工作服务标准研制的理论框架。大体上，基本框架的设计参考全美社会工作者协会的经验；标准的主要内容参考中国台湾医务社工站标准化建设的经验（涉及机构层面）和中国香港社会服务质素标准（涉及服务层面）；标准的内容参考广州、上海和佛山市南海区的经验，综合考虑本地社工的实践能力和本地的条件。

第二，通过收集档案资料和实地走访，得到南海区医务社会工作的实务数据。一是收集南海区医务社会工作实务的档案资料，包括服务对象需求调研报告、医院导向报告、服务合同、服务方案、服务过程记录、服务总结与评估报告以及月报、季刊、年刊等。二是走访南海区卫生和计划生育局、人民医院及其医务社会工作服务部。从南海区卫生和计划生育局了解医务社会工作服务发展的相关政策及制度设计、服务标准的定位及原则等，从人民医院了解医院对医务社会工作服务部的部门设置及功能规划、医院的相关需求及存在的问题，从医务社会工作服务部了解医务社会工作服务发展情况及服务标准的适用度。在有实证数据支撑的基础上，将理论与实务进行反复配对分析，进而往理论框架中填充标准条文，写出符合实际的服务标准初稿。之后邀请人民医院医务社会工作服务部进行实操检验，提供反馈意见，加以综合修改后完成服务标准的征集意见稿。

第三，组织两期焦点小组以论证标准的可行性。一是服务监管和购买方焦点小组，参加单位及人员为南海区卫生和计划生育局、南海区社工委、南海区社会服务联会、各医院、李嘉诚基金会（资助方之一）、标准研制工作组、南海区人民医院医务社会工作服务部、香港医务社工督导、内地高校专家和社工督导，以及南海区质监局。二是服务提供方焦点小组，参加单位及人员为各医院社会工作服务部、标准研制工作组、南海区卫生和计划生育局、各医院代表。一方面，通过以上焦点小组，多次与不同利益相关者和有识人士就医务社会工作服务标准的征集意见稿进行研讨及全面论证，平衡多方立场和需求，最终研制出适用度高、可行性高、操作性强的服务标准；另一方面，借焦点小组这个平台，协助政府建立与基金会、医院、社会组织、社工的"统一战线"，共同倡导医务社会工作服务的规范化和标准化，为之后试行标准创造有利条件。

## 四　标准的内涵概要

### （一）研制思路

社会工作的目标分为任务目标和过程目标。任务目标主要解决一些特定的问题，包括完成一些具体的工作，满足一定的需要，达到一定的社会福利目标。这些改变是具体而实在的。过程目标主要提升参与者（包括服务提供者与服务对象）的能力，包括树立共同的理念，建立与不同参与者的合作关系，形成一定的工作制度与程序，等等。任务目标与过程目标体现的是目的和手段的关系，前者是后者的基础和依据，后者是前者实现的保证。任务目标和过程目标的划分基本成为社会工作者制定社会工作服务目标的一个共识。服务标准是为了促进服务提供方实现服务目标的，因此研制组依据有关目标制定的观点来制定标准。具体来说，为实现医务社会工作服务的任务目标，相应地制定成效标准；为实现医务社会工作服务的过程目标，相应地制定过程标准，包括：①价值标准，如理念、价值、伦理；②结构标准，如资源与关系的整合与运用；③程序标准，如组织管理、工作制度、工作程序；④能力标准，如工作能力、服务内容、服务技能。以上标准之间的关系为：价值标准为服务过程打下基础，结构标准为服务过程创造条件，程序标准和能力标准为服务过程提供保障。在标准的编写上，为提高可读性、使标准易于执行，研制组按照一个医务社工服务项目是如何启动、实施和接受评估的顺序来写，然后将上述标准融进去。

### （二）研制原则

研制服务标准，进而推动成效评估工作，不外乎达到以下目标：一是监察，监察服务是否朝着目标前进，若有偏离则做出纠正；二是问责，针对医务社会工作者在服务提供上的失误及疏忽，服务标准及基于此的成效评估可作为一种治理工具，同时对利益相关者（服务对象、政府、医院及社会公众）做出交代；三是改良，基于标准保证服务水平，以及推动专业发展、自我完善。

为确保服务标准研制的效度，研制组遵循以下原则。

（1）以人为本，回应需求。充分了解服务对象的期望和需求、以服务对象为中心、从服务对象的视角来研制服务标准是最关键的一项服务标准研制原则。因为医务社会工作服务的效果如何，最终是由患者及其家属的评价决定的。他们在选择服务时，倾向于选择能够满足其需要、愿望、要求以及带来良好体验的服务。因此，首先要从服务对象需求评估中了解服务对象对各类服务的期望，再结合医务社会工作服务自身的发展，制定明确的服务目标，最后根据服务目标研制服务标准。其次，研制服务标准时要切合实际，所研制的标准是社工在一定时期（标准有效期）能够实现的，这实际上也是对服务对象的一种承诺。最后，发动社工参与，聆听来自前线社工的声音。因为社工直接接触服务对象，最了解服务对象的需求。这样能使研制的标准更精确，得到社工的支持，从而顺利施行。

（2）讲究科学，注重经验。服务标准必须以科学的实践经验为基础，把研制标准的目标定在一个合理的水平上。如果目标定高了，社工无法达到目标，可能产生不满情绪或超负荷工作而无法保证服务质量，降低标准的权威性；目标定低了，不仅起不到积极作用，还会导致社工懒散松懈，从而影响医院及医务社会工作的形象。因此，服务标准是在认真研究、讨论，并对国内外先进经验加以消化、融会贯通的基础上研制的，且确保标准结构合理、条理清晰、可操作性强，可以指导医务社会工作者的行动，调动他们的工作积极性，激励他们努力做好工作。

（3）兼顾严密性和自主性。服务标准的严密性，首先表现为量化的形式。对医务社会工作服务的要求尽管较为抽象，但一些服务要求可以直接或间接地用数值来表现，也可以把服务的范围、性质和程度进行量化，如时间、人数、服务对象满意度。服务标准的量化，可以使社工明确服务的具体目标和服务要求，便于他们在服务工作中执行。其次，严密性表现为要求的具体化和精细化，即在医务社会工作服务的每个环节都要有明确、详细的标准，特别是各部门之间的接口部位更应明确规定，否则会出现管理或服务的"真空地带"及相互扯皮的现象，尤其对"第二环境（医院）"要有相关的规定。然而，在强调服务标准严密性的同时，也要注重自主性。服务标准是一个从宏观的整体社会管理层面、中观的机构层面到微观的个人工作层面的庞大及多层面的期望系统，这些期望层层叠加，无休止地要求提高"生产力"及工作质量，可能会使社会工作者难以自主地工作，导致士气受损，出现消极情绪。若对所有的工作都进行精细划分、严密管理、硬性要求，必然扼杀创造力和自主性，可能导致医务社会工作者成为按部就班的机器，停止提升专业水平的步伐。何况无论规定多么严密，都不可能做到面面俱到，这也不符合各医务社会工作服务部的实际情况。因此，研制标准时需要充分考虑到严密性与自主性的平衡，一定要强调重点，明确哪些是必须严格执行的，同时保留一定的弹性空间，保证各医务社会工作服务部在这个空间里发挥积极性和创造力。

（4）着重持续发展。设置现阶标准和进阶标准：现阶标准描述的是最低标准，用于保障服务达标；进阶标准描述的是医务社会工作服务发展的好的方向，用于鼓励行业持续发展进步。在操作上，依据医务社会工作服务部"有或无"某些条件（通常是可衡量的量化指标），可评估其"是或否"达标。至于做得"好或坏"，就社会工作服务而言，往往评估的是一些质化指标，一时间难以客观、精准地评估，因此不宜作为最低标准用以评估是否达标，反而适合作为指向标，鼓励医务社会工作服务朝进阶标准发展。

### （三）标准内容

标准内容由四部分组成。第一部分是基本要素，澄清医务社会工作、医务社会工作者、医务社会工作站、医务社会工作服务对象的概念，并简述医务社会工作的服务目的和服务内容。这是专业的最基本的共识，回答了由谁、为谁、在什么场所提供什么服务、达到什么效果这些基本问题，有利于向大众普及医务社会工作。

第二部分是标准条文。按照上述研制思路，设置服务管理标准、服务开展标准和服务评估标准三大板块。按医务社会工作服务项目开展的先后次序，具体设置十一条标准，分别是：标准一"服务运作模式"、标准二"服务场地建设"、标准三"服务人员管理"、标准四"服务管理制度"（标准一至标准四属服务管理标准板块）、标准五"服务宣传"、标准六"服务规划"、标准七"服务内容与方法"、标准八"服务记录"、标准九"服务合作"（标准五至标准九属服务开展标准板块）、标准十"服务质量"、标准十一"服务工作量"（标准十和标准十一属服务评估标准板块）。每条标准都设置了发展方向（进阶标准）和最低标准（现阶标准），譬如标准三"服务人员管理"，发展方向是医务社会工作站应配备具有专业资质、知识与能力的项目督导和医务社会工作者，最低标准是医务社会工作站应配备1名项目督导。医务社会工作站主任应获得社会工作专业硕士学位，或中级社会工作师职业资格，或具有 4 年社会工作相关工作经验；医务社会工作者应获得社会工作专业学士学位，或助理社会工作师职业资格，或具有 1 年社会工作相关工作经验。

第三部分是标准执行指南。为便于社工机构参照标准提供服务，研制组对照每一条标准进行了详细的解释，提供了清晰的指引，有利于社工机构掌握每条标准的内涵和意义，促进服务朝着好的方向发展。

如何解释标准？以标准十一"服务工作量"为例，好的方向是医务社会工作者应保持一定的工作量，以提供较高效率和质量的服务，取得较好的服务成效。为了让社工机构清楚何为高效率的服务并产生认同，在这条标准之下，研制组分别解释了社工的工作时数如何匡算、工作时数如何分配、专业服务时数如何匡算，从而给出最低工作量如何计算和设置，最后还列举了一些范例以供参照。譬如，工作时数匡算方法：工作量以配备的医务社会工作者（含主任）的数量进行计算。单位医务社会工作者年工作时数 ＝ ［365 天 − 11 天（公众假期）− 5 天（年假）− 52 周 × 2 天/周（每周双休）］× 8 小时/天 ＝ 1960 小时。工作时数分配方法：直接服务（包括个案、团体、社区、巡房等基本服务和健康知识宣传小册子设计及派发等增值服务，基本服务占直接服务工作量的比例应不低于80%）占70%，督导及培训等占 15%，行政工作（召开工作会议、交流参观、评估等）占15%。出资方和医务社会工作站可根据项目实际情况商议调整，调整幅度不超过8%。专业服务时数匡算方法：将个案工作、团体工作、社区工作的流程拆分为一个个小单元，如接案面谈、查资料、写计划、筹备（采购物资、找资料、宣传、布置与收拾等）、每节面谈/活动开展、资源链接、文书工作（通讯稿、社工手记、服务过程记录、服务报告等），然后根据社工经验反馈，确定个案工作、团体工作、社区工作在每个小单元工作里的投入时数，最后汇总可大约计算出每个辅导个案所需工作时数、每个简短咨询个案所需工作时数、每个小组活动所需工作时数、每个团体活动所需工作时数、每个小型社区活动所需工作时数和每个大型社区活动所需工作时数。最低工作量计算方法：依据最低人手配置标准和上述工作时数匡算方法，可计算出最低人手配置的医务社会工作站的最低工作总时数，再结合所确定的各项专业服务所需工作时数，可确定分配各项专业服务的最低指标。

如何提供详细指引？以标准五"服务宣传"为例，好的方向是医务社会工作站应确保服务对象获取有关服务信息的便利性和明确性，且快捷有效地回应服务对象的各种服务请求。满足最低标准之余，在"标准执行指南"部分，研制组提供了清晰而具体的指引：首先，医院应为医务社会工作站宣传服务提供必要的支持，提供相关宣传平台的使用权，譬如医院网站、宣传栏等；其次，医务社会工作站应通过多元的宣传形式（宣传栏、宣传架、宣传页、海报、医院或医务社会工作服务刊物、会议、聚会、活动、网站、微信、微博等）进行服务宣传与推广，向医护人员介绍医务社会工作者的工作范围、专业价值、联系方式、转介程序及沟通渠道，向服务对象介绍服务的目的、内容、联系方式、医务社会工作者与医护人员的合作关系等；最后，医务社会工作站日常开放时应有专人负责接待、答疑、办理服务申请和退出等。

第四部分是提问和回答，即答疑。采用焦点小组和访谈等方法论证标准的可行性和适用度时，不少政府工作人员、专家、医生和社工给予了很多意见和反馈，研制组依据这些意见和反馈对标准进行了修订。但是，有部分意见和反馈，代表的只是某种立场下的观点；有部分意见和反馈，表达的是对医务社会工作服务的憧憬，不符合当下实际情况；等等。在标准的最后一部分，有必要就未根据意见和反馈做出相应修改与调整的部分进行合理解释。譬如，针对标准一中提出的以项目购买的方式开展医务社会工作服务，若问：出资方可以以岗位购买的方式向社会工作机构购买医务社会工作服务吗？此处就会做出相应的回答：根据现在南海区医务社会工作发展的经验，项目购买的方式是比较适合的。当然，本标准除适用于项目购买服务之外，也可以为岗位购买或采用其他方式开展的医务社会工作提供参考。若未来有必要发展岗位购买的方式，在其可行性得到充分论证的前提下，也可考虑将其列入标准。

## 五　结语

南海区目前共有6家医院推行医务社会工作服务，医务社会工作以其宽广的助人视角看待服务对象而逐渐被纳入医疗卫生与健康照顾领域。期望医务社工成为医院中不可或缺的部分，与医护人员跨专业合作，为服务对象提供更具人文关怀、更高质量的服务。但是，医务社会工作服务才刚刚起步，在这个阶段开展服务标准研制工作，是为了日后能够逐步实现医务社工的期望。研制组希望将标准研制这项工作放置在中国社会工作发展的脉络中来讨论。文章重点不是介绍标准内容，而是描述标准研制的过程和研制组的思考，尤其是渗透在整个过程中的两个重要价值：①注重公平与尊重；②强调倡导和行动。研制组实践公平与尊重的价值理念，表现为在方法上综合运用文献研究、调查、观察等方法，实现理论与实践、标准研制者（研制组）与标准使用者（医务社工、监管方、购买方等）及标准最终受益者（服务对象）等多方的公平对话；在标准架构和研制思路上参照最基本的、行业达成共识的理论，标准内容中涉及程度和指标的部分则参照本土实践情况来制定，这是对已有知识和典范做法的尊重，同时也是对本土实践经验的尊重；标准内容设置上有硬性（规定）和弹性（自主）内容，有现阶标准和进阶标准，前者尊重不同医务社会工作服务部的个性和差异，后者体现出发展的公平性，要求不同阶段达到不同的水平。之所以注重公平与尊重，是因为每个医务社会工作服务部都是独特的，需要公正、平等地对待行业共性与个性，才能达成共识；医务社会工作不断发展，相应地，标准是不断变化的，需要尊重、包容、接纳多元因素，才能研制与时俱进的标准。

研制组实践倡导与行动的价值理念，表现在两个方面：一方面，研制组借此标准研制机会，倡导和推动医务社会工作服务的发展。社会工作是新兴行业，医务社会工作服务更是落后于青少年、老年人或社区社会工作，然而医务社会工作服务的需求是一直存在且巨大的，有几家医院逐渐开始试点推行，但未达成共识，更多的医院仍在观望，没有发展医务社会工作服务的计划。因此，有必要助推其进一步发展，在更大的范围内产生影响。所以研制组着重在标准研制的各个环节邀请与医务社会工作服务发展相关的利益相关者参与标准讨论；在标准内容部分规定了不同组织的相关责任；在标准研制完后召开标准发布会，正式向不同政府部门、医院、社工机构、群众、媒体等介绍及宣传医务社会工作。由此可见，标准不仅仅是为目前6家开展医务社会工作服务的医院及其服务对象研制的，更是为了倡导和推动更多的人士或组织了解、参与、开展医务社会工作服务而研制的。另一方面，研制组十分注重标准的可行性。在标准研制过程中，研制组本可以借助对已有理论的梳理和分析，设置一些理想的、方向性的标准，并结合通过多次调查和论证了解到的各方诉求，力求标准面面俱到（譬如有的建议标准内容要包含怎样向出资方提出社会服务建议、撰写政策报告，有的建议要提供清晰、统一的服务表格等工具），但研制组没有这样做。因为前者内容相对空洞，无实质性指导意义；后者耗时长且标准内容不可能包罗万象，就算能做到，也与现实医务社会工作服务发展水平不符。研制组认为，现阶段最重要的是有基本的、可执行的、对社工引导性高的标准，辅之以执行标准的指南，这样才能发起试行标准的行动，然后在行动中不断检视标准的适用性，在试行期满后再调整和改进标准。这些都反映出着重倡导与行动的价值理念。

## 参考文献

香港基督教女青年会、陈锦棠，2006，《社会服务成效评估：程序逻辑模式之应用》，香港：香港基督教女青年会。

# "实证为本"社工服务的发展

## ——广州经验的分享

王　壬　李晁伟*

**摘　要：** 实证为本社会工作实践与研究在中国尚处于发展初期，中国社会工作从业者、教育者、管理者对实证为本的社会工作理念的认识还不够深入，此种现状对社会工作的本土化、专业化和认受性提出了挑战。本文以中国本土情境下两个依据实证为本思想开展的项目为例，探讨了在中国本土社会工作情境下开展实证为本社会工作服务的意义、价值和可行性，希望起到抛砖引玉的作用，供同行参考借鉴。

**关键词：** 实证为本　社会工作

## 一　对实证为本社会工作实践的迫切需要

目前，实证为本社会工作的实践与研究在中国的发展尚处于起步阶段，中国的社会工作从业者、教育者、管理者对实证为本的社会工作实践缺乏全面的认识和应用，更为缺乏的则是实证为本的社会工作研究，而这种实证研究的缺乏导致中国社会工作本土化的工作常常陷入空泛的理论讨论，缺乏拥有强有力证据的、本土化的经验研究成果。

另一方面，中国社会工作的发展现状，即快速增加的社会工作教育机

---

\* 王壬，香港中文大学社会工作与社会行政系 2014 级在读博士生，中山大学社会工作硕士，国家中级社会工作师，研究方向为老年社会工作、社会福利、社区社会工作；李晁伟，中山大学社会学与社会工作系副教授，研究方向为弱势社群与社会工作、长者保障权益倡导、社会工作综合服务模式。

构、不断壮大的社会工作专业人才队伍和社会工作专业机构、不断增长的公共社会服务支出都向社会工作者提出尽快开展实证为本社会工作服务及研究的强烈要求。当下，对实证为本社会工作的需求主要源于两个方面。一是在管理主义盛行之下，基于对成本效益、问责、绩效的考察，亟须社工从业者证明服务成效。目前中国的社会工作实践主要以政府购买服务项目、政府资助或基金会资助的形式开展，大多数项目经费并没有被纳入政府的常规预算，因此社会工作服务项目需要与各类公共服务项目竞争资助经费，这就需要社工从业者在预算竞争中以直观、具体的证据展示社会工作服务项目的投入、产出及成效，以期获得资金支持、开展服务项目。二是在专业主义盛行之下，基于建立专业的自主性、话语权的要求，亟须专业社工证明自身实践的方式、方法的合理性及有效性。中国的专业社会工作起步很晚，属于后发的专业，在现实的情境中，专业社工往往与国家原有的福利体系中的实际社会工作从业人员在一起工作。例如，在社区中，专业社工往往与居委会工作人员一起工作。虽然社区社会工作者与居委会社区工作者在工作对象、工作形式上常有相似之处，但作为专业社会工作者，常常被专业团体期望能展现更有质素、更有成效的服务结果。同时，专业社工也常常与一些先发的人类服务专业的从业者混合在一起工作，例如在个案服务领域，社工往往与心理咨询师、学校辅导员等一同工作。同样，虽然两者在工作对象、工作形式上常有相似之处，但专业社会工作者如何体现自己的专业特征、确立自己的专业工作领域，常常受到社会工作群体自身以及外界的质疑。

基于上述现实，我们不得不承认，仍处于发展初期的中国专业社会工作面临巨大的成效危机与合理性危机。应对上述危机的办法不会来自宣扬社会工作专业价值理念的教科书，也不会来自政府机构中为数不多、真心支持专业社工事业发展的伯乐，而应该源于社区、立足于需求和广泛而卓有成效的社会工作实践，即实证为本社会工作所展示的工作成效及社会价值。

## 二 在本土开展实证为本的社会工作服务的限制及挑战

可惜的是，虽然我国社会工作实践已开展将近十年的时间，但能完整运用实证为本的社会工作方法，即经过六个步骤〔①界定问题；②寻找针对这一问题的社会工作介入方法及其成效的证据；③批判地评估相关研究的发现；④基于案主的现实情况选择最合适的介入方法；⑤进行证据为本的社会工作介入；⑥基于证据，评估介入成效，并将成果分享给专业共同体（Rubin & Babbie，2014）〕开展的社会工作实践在现实中却并不多见。究其原因，在中国目前的社会工作发展环境中，实证为本的社会工作服务面临以下限制。

### （一）社会工作服务项目周期及时间的限制

社会工作服务项目需要处理人的行为习惯、态度、思维方式等问题，较短的项目周期使我们很难看到实质性的成效。因为人的改变不是一朝一夕，通过几次面谈、几次小组活动就会发生的，社会工作的本质决定了其成效的达致需要一定的时间与积淀。举例来说，在以提升儿童抗逆力为目标的学校社会工作项目中，对儿童抗逆力提升效果的测量若仅依赖儿童团队活动前后社工发放的前测问卷和评估反馈问卷，在研究方法上是难以成立的。因为评估反馈问卷往往仅能测量参与者对社工介入活动当下的感受，对于抗逆力的提升，即面对困难、挫折时态度的改变及行为的改变的测量需要更长的时间。然而不理想的现实是，我国目前存在的社会工作服务项目大多以购买服务合约的形式存在，项目周期短至几个月，最长的也不超过三年，在这样的时间跨度下，很难对社会工作服务实践的成果，特别是行为改变层面的成果做出有效的测量。

### （二）社会工作服务项目的性质限制

社会工作服务的领域非常广阔、方式多样，小到临床的、治疗性的、问题导向的个案社会工作，大到基于社区的、预防性的、发展导向的社区社会工作。对于前者，在实践层面开展实证为本的社会工作服务较为容易，因为对服务对象、服务目标、时间维度，社工都比较容易把握；但对于后者，在实践层面开展实证为本的社会工作服务则较困难，因为服务对象、服务目标、时间维度常常超出社工能够掌控的范围，即影响服务成效的因素很多是外在因素，而这些外在因素常常不受社工控制，甚至不为社工所察觉。举例来说，社区社工的介入在多大程度上促进了拆迁重建社区的社会融合？针对这个议题的实证为本的社工研究就较难操作化，即使社工将在某地的成功经验进行了总结，面对其他社区的类似问题是否就能复制照搬，是否有强有力的证据证明是社工的介入，而不是其他什么被忽略的政治、经济、政策、历史因素促进了社会融合，对这些问题都较难给出绝对肯定的回答。

实际上，我国目前的社会工作服务的类型大多属于后者，即大多数服务是社区社会工作服务（community-based service），而不是专项议题的社会工作服务（issue-based service），因此界定问题本身就很困难，在实证成效的考察方面常常缺乏聚焦点，导致社工难以操作实证为本的社会工作服务方法。

### （三）缺乏基础的人口及社会问题统计数据

理念上，实证为本的社会工作研究是定量的、倾向于自然科学研究方法的，因此强调成效的量化和可测量性。其中最常用的人口资料及服务使用情况等基础数据，有赖于高效、准确的统计；而变量的测量则有赖于信度测量工具。举例来说，实施社区养老服务计划的主要目标是推行社区居家养老、延长老人在熟悉的家庭及社区环境中生活的时间、提升老人的生活质量。因此在项目开展之初若要有依据地规划该地区的社区养老服务规模、方式，就需要掌握该地区老年人口的性别、年龄、身体状况、养老意愿、经济能力、家庭状况等基础数据；若要在项目开展一段时间后证实社区养老服务计划的成效，则需要对比参与社区养老服务计划的老人与未参与社区养老服务计划的老人在社区生活时间的长短、了解其在社区生活的满意度等基础数据。然而现实是，作为项目执行者的社工，往往很难获取本地区老年人口在不同类型服务计划中的人口分布数据。一方面，当地统计部门的人员未必愿意或能够提供人口统计数据给社工；另一方面，由于我国统计工作并不完善，数据的真实性、信度、效度也都需要仔细鉴别。此外，在上述例子中，如何测量在社区养老的老人的生活满意度？现有的满意度测量工具是否有信度、效度？是否需要社工依据自己的经验创制一个满意度量表？

因此，在缺乏数据和研究工具的情况下，实证为本的社会工作服务实践往往打了折扣，甚至沦为以某些人（当地领导、社工机构领导、社工本人）想象中的服务需求为本的社工服务实践。

### （四）当前的社工教育对社工研究能力的培养不足

实证为本的社会工作服务与研究，强调社工应具备研究的能力，包括收集前人研究资料、理论的文献研究能力，对收集的资料开展批判性思考的能力，结合实际情况做出判断和决定的能力，仔细评估、检视介入成效的能力，等等。然而，令人担忧的是，在社工教育快速扩张的大背景下，社工研究能力的培养往往被忽略或排在末位。社工教育更加侧重的是对经典理论的学习、经典工作方法的掌握，社工专业教学将很多时间放了实践和实习活动上，而这些实践和实习活动往往在研究视角的指导和反思方面做得不够，导致培养出来的社工缺乏研究取向的思维和具体进行实证研究的能力，包括进行基本的文献搜索、回顾和分析的能力，开展基本社会需求调查的能力（问题界定、概念化、操作化、甄别和使用测量工具及统计分析），开展基本成效评估研究的能力（研究设计、研究过程控制等）以及将研究发现写成文章的学术表达能力，使得社工毕业生一踏入职场，便沦为执行社会政策、执行项目计划的"工具"，缺乏创新和反思社会工作服务的能力。

综上所述，在中国本土的现实环境中倡导及发展实证为本的社会工作服务面临相当大的困难与挑战。然而现实不是铁板一块，社工专业的创变精神与专业担当召唤我们在限制之下、困境之中，也要鼓起勇气开展实证为本的社会工作服务。虽然实证为本的本土社会工作服务在方法的科学性、操作的完备性、经验的可复制性方面未必完美，但其尝试探索的路径对后人也是非常有参考价值的。下文仅以两个广州本土的社会工作服务项目为例，抛砖引玉，期望给读者带来启示，逐步开展本土实证为本的社工服务。

## 三 案例一：实证为本的服务方案设计
### ——以金花街社区养老服务方案设计的需求调研为例

### （一）背景及目标

2010 年广州市率先在老龄化程度高、人口密度大的老城区开展社区居家养老综合示范中心试点项目。该项目是在国家"十二五"规划中加强"居家为基础、社区为依托、机构为支撑"的养老服务体系建设的政策背景下，由广东省、广州市两级政府出资，以政府购买专业社会工作服务的形式进行的新尝试。试点选取的街道为广州市荔湾区金花街，广州市启创社会工作服务中心作为承接机构，在通过招投标程序后，开始进驻社区开展社区居家养老服务试点工作。那么社工进入这样一个社区后，在购买服务指标的压力下，应开展什么服务？什么服务是老人需要的？不同类型的老人有哪些不同的需求？这些需求现在是如何满足的？我们能做哪些补充？有哪些潜在的资源可以挖掘？采用什么形式开展服务？怎么开展服务？仅有的六个社工如何分工合作？为回答这些问题，社工团队尝试开展了为期两个月的参与式、综合性需求评估活动，即在开展服务的过程中观察、了解、收集居民对社区养老服务的需求，在与居民的接触中找出开展服务的需求点，从而为未来几年的服务设定一个有事实依据的实证为本的服务路线图。

### （二）实证为本的服务需求调研

考虑到项目的限制，包括人手、时间、财力等方面的限制，我们的需求调研并没有以学术意义上的社会调查形式开展，而是以文献研究、二手资料分析、关键人物访谈、参与式评估、问卷调查等多种社会研究方法相结合的灵活方式开展。

文献研究：通过专家、督导的介绍，收集与广州邻近的香港地区开展社区居家养老服务的经验和方式，回顾老年人发展理论、老年人需求理论等。

二手资料分析：通过与当地街道干部沟通，获取当地老年人口的人口信息，包括年龄、性别、社会经济地位、教育、居住环境、家庭结构等（主要源于第六次全国人口普查数据）。

关键人物访谈：对当地开展养老服务的人员（如居委会委员、居家养老服务员、老人院工作人员等）进行访谈，了解老年人的需求及服务现状。

参与式评估：社工深入社区开展服务活动，包括社区走访（特别是老人的聚会点，如正式的老人活动中心、非正式的街区公园等）、社区街站游园互动、到户探访慰问等多种活动形式,在活动中接触服务对象,从而观察、了解、收集服务对象的服务需求。

问卷调查:为更系统地收集信息,社工团队设计了一份简单的需求调查问卷,在需求评估过程中以方便抽样的方式派发,如街站活动时、到户慰问时邀请老年居民填写。

社区观察:社工走入社区大街小巷,观察了解社区老年居民的生活环境、硬件设施及生活习性。

以下是金花街社区养老服务实证为本需求调研的框架(见表1)

**表1 金花街社区养老服务实证为本需求调研框架**

| 方法 | 对象 | 内容 | 工具及方法 | 产出 |
|---|---|---|---|---|
| 文献研究 | 学术期刊;专业书籍;官方网站 | 中国养老服务政策;国内外养老服务经验、做法;老人生命的发展阶段和各阶段的需求 | 搜索引擎;学术期刊网;专家、督导介绍书籍 | 有用的文献20篇;有用的网站2个;有用的书籍3本(已购买) |
| 二手资料分析 | 官方网站;地方官员 | 当地人口统计资料 | 搜索引擎;人脉 | 金花街第六次全国人口普查数据 |
| 关键人物访谈 | 地方官员;养老服务从业人员;老人照顾者;老人团体领袖 | 当地老人服务资源(正式、非正式);当地老人服务现状和经验、做法;当地老人服务改善建议,老人的需求、期望 | 滚雪球;访谈大纲;社工-研究者自身 | 街道主任(1个);街道分管民政工作副主任(1个);居家养老服务部负责人(1个);街道养老院负责人(1个);居家养老服务员(2个);老人照顾者(2个);社区老人协会副会长(1个) |
| 参与式评估 | 老人;老人照顾者 | 当地老人生活习惯和方式;当地老人家庭关系;当地老人养老观念及选择;当地老人福利供应情况 | 社区街站长者中心宣传活动;社区节庆活动;慰问探访活动;社工-研究者自身 | 街站6次;节庆活动2次;探访慰问困难户老人40户 |

| 方法 | 对象 | 内容 | 工具及方法 | 产出 |
|---|---|---|---|---|
| 问卷调查 | 老人 | 老人基本人口信息（性别、年龄、教育、婚姻、家庭、工作、生育、居住）、身体状况（疾病、日常生活能力）、社交生活、社会支持、养老服务需求 | 调研问卷 | 随机街头问卷（40份） |
| 社区观察 | 社区周边设施；环境硬件；老人作息规律 | 老人聚会点（星光老人之家、文化站、老年大学、麻将室、保健品销售点、社区广场等）；公共服务设施（花园、公园、医院、诊所、公交站、地铁、无障碍设施、公厕、居委会、街道办、派出所等）；日常生活设施（菜肉市场、生活用品商店、餐厅、老人用品商店、药店、诊所） | 地图；社工-研究者自身（选择不同时间穿梭于社区） | 60人次，每次1小时 |

上述这些调研活动，并没有一定的时间顺序或重要性的排序，社工团队分工合作，一起开展需求调研，并每周开会讨论，分享自己的调研发现及分析结果，最终概括出社区老人的服务需求。

### （三）实证为本服务方案的设计

在充分了解社区养老服务需求和社区情况后，如何整理、分析这么多零散的信息，使之成为支持服务方案设计的证据呢？在实践中，我们采用"项目发展的逻辑模式"这个项目开发、管理和评估的工具来开展项目设计工作。项目发展的逻辑模式最重要的意义在于，在此模式的指引下，项目的设计会更符合实际应用的逻辑，充分考虑投入、处境分析、假设/理论基础、活动、产出与成效之间的因果逻辑关系，从而保证项目的可行性。由服务使用者的特征和理论假设，可以推断出介入服务的方式。如在金花街的案例中，我们发现：现有的居家养老服务使用者多为低保、独居等老年弱势群体，他们与社区外界接触的机会少、能力不足。对这个现象的理论解释包括：①基于社会排斥理论，这些老人可能被污名化，所以被主流群体区隔，难以融入社区；②身体健康状况较差，削弱了外出的能力和动机。而基于积极老年理论，积极的社交生活能缓解老人心理上的寂寞感、增强能力感，从而改善老人的心理和生理健康状况，使他们的生活质量得到提高。因此，社工认为应提供更多符合这些老人能力的社交活动，包括：①对于难以出门的老人，送康乐活动上门，如探访的时候和老人玩棋牌；②对于可以出门的老人，每月组织居家养老服务对象的生日会，增加老人的社交活动。在确定介入服务的方式后，考虑到社工人手和义工服务资源的情况，可以确定服务的具体产出和参与率。

经过反复的讨论，在考虑社工实际的能力、时间、活动场地、资源等情况后，最终确定金花街社区养老服务方案。

### （四）讨论

从上述案例中读者可以发现，现实中实证为本的需求调研和服务方案设计与实证为本的社会工作研究还是有很大差别的，具体表现为调研的严谨性、项目设计的科学依据的合理性绝对无法如在学术研究中那般完美，诸如样本数不够、抽样框不确定、访谈结果达不到理论饱和等问题比比皆是。但可以肯定的是，当社工掌握了实证为本的社工服务的精神和方法后，就可以谨慎地分辨自己的工作计划、工作手法是不是合宜的、恰当的、有效的，从而最大限度地使有限的服务资源得到充分利用，转化为我们期望的服务成效。

## 四 案例二：实证为本的项目成效评估
——以广州市海珠区"青年地带"项目三年成效评估为例

### （一）项目背景

"青年地带"项目为全国首批青少年事务社会工作试点项目。为切实推进试点工作的开展，在广东省社会工作先行先试的政策指导下，2007年底，共青团广州市委、海珠区政府委托共青团海珠区委联系有社会工作专业背景的社会团体——启创社会工作服务中心——开展该项试点工作。在对海珠区青少年的需求进行调研与评估的基础上，专业社工设计推行了"青年地带"项目。"青年地带"项目面向广州市海珠区6～30岁青少年和社区居民开展服务，以提高青少年个人及其家庭的综合素质、创建文明及和谐的社区为服务目的，运用个案辅导、小组工作、家庭生活教育、社区服务、志愿者服务等专业社会工作服务方法开展服务。"青年地带"项目目前设了9个站点，有4个社区社工站（海幢街社工站、赤岗街社工站、华洲社工站、江南中街社工站）、3个学校社工站（绿翠中学社工站、赤岗中学社工站、万翔外来工子弟学校社工站）、1个院舍社工站（海珠区社会福利院社工站）与1个外来工社工站（"小雁子"社工站）。

### （二）研究目标

"青年地带"项目开展三年来，在预防青少年违法犯罪、为青少年健康成长创造良好环境、提升青少年的幸福指数和促进社区和谐方面发挥了重要的作用。项目进入稳定发展的阶段后，对前期探索阶段的工作进行了成效评估与调研，具有重大的现实意义和学术意义。在现实意义上，对"青年地带"项目（广州市第一个政府购买社会工作服务的试点项目）进行成效评估，一方面可以探索社会工作组织是否有承担社会责任、提供社会服务的能力；另一方面也可以研究政府购买社会工作服务对促进政府职能转变有何作用与意义。在学术意义上，可以探索在社区与学校开展青少年社会工作的路径是否有效。因此，课题组力求通过对广州市海珠区青少年事务社会工作试点项目——"青年地带"项目——的具体运作模式、发展变化过程及服务效果的深入认识与了解，从政府层面、机构层面、服务对象层面、相关合作伙伴层面、社区居民层面评估该项目的实际成效，从而探索具代表性和推广性的青少年社会工作服务模式，为推动海珠区甚至广州市青少年社会工作事务的发展提供参考。

考虑到本文主要是从社工服务的角度入手，因此，下面只介绍对"青年地带"项目服务成效的评估，而省略对"青年地带"项目模式、政府职能转变、购买服务的成效及可复制性的讨论。

### （三）研究方法

成效评估的目的是全面评估"青年地带"项目开展运作三年来的服务

成效，分析这个项目对服务出资方（即共青团海珠区委）、服务对象（即青少年）、相关合作单位（如街道、学校）、服务辖区内各个社区所产生的影响。此成效评估采用项目发展的逻辑模式的研究框架，并运用量化和质化研究方法相结合的方法开展成效研究。

（1）抽样调查。此次"青年地带"项目成效评估所使用的评估量表是在详细了解"青年地带"项目服务内容的基础上自制的"青年地带"项目服务成效满意度量表。根据"青年地带"项目服务对象的不同，量表的设计涵盖了青少年和居民两个不同的服务群体。此次对满意度的测量包括三个维度：关于"青年地带"项目服务机构硬件的满意度评价、关于"青年地带"项目服务机构工作人员的满意度评价、关于"青年地带"项目服务质量的满意度评价。此次对评估样本的选取采用定额抽样法，即根据"青年地带"项目各社工站点服务群体定位的不同，首先将服务群体分成青少年和社区居民两大类，又进一步将青少年分为学校青少年和社区青少年。为保证评估量表的效度，对评估量表进行了试测，试测结果信度 α 值①达到了 0.913，说明该自制量表的满意度指标能够较好地反映"青年地带"项目的服务成效。研究人员在"青年地带"项目的 8 个社工站点共发放问卷 750份，回收的有效问卷为 659 份，有效回收率为 87.9%。

（2）深入访谈。社工共对 33 人进行了深度访谈，获得了大量生动、有价值的第一手质性资料。其中包括对 12 名服务对象的深入访谈，以了解他们接受服务的原因、接受过的服务类型及这些服务对他们的影响；对 9位"青年地带"项目社工主任和前线社工的深入访谈，以了解社工主任和前线社工在服务方案设计和服务过程中秉持的理念、运用的策略与方法，以及了解他们如何看待自身的参与对服务成效的影响；对 12 个"青年地带"项目合作伙伴（如学校领导、学生处或团委的老师、街道党委书记及团委书记、福利院院长与工作人员）的深入访谈，了解他们对

---

① 问卷的信度 α 值，又叫可靠性，是指问卷的可信程度。它主要表现检验结果的一贯性、一致性、再现性和稳定性。一个好的测量工具，对同一事物进行反复多次测量，其结果应该始终保持不变才可信。通常认为，信度系数应该在 0～1 之间，如果量表的信度系数在 0.9以上，表示量表的信度很好；如果量表的信度系数在 0.8～0.9 之间，表示量表的信度可以接受；如果量表的信度系数在 0.7～0.8 之间，表示量表的有些项目需要修订；如果量表的信度系数在 0.7 以下，表示量表有些项目需要抛弃。

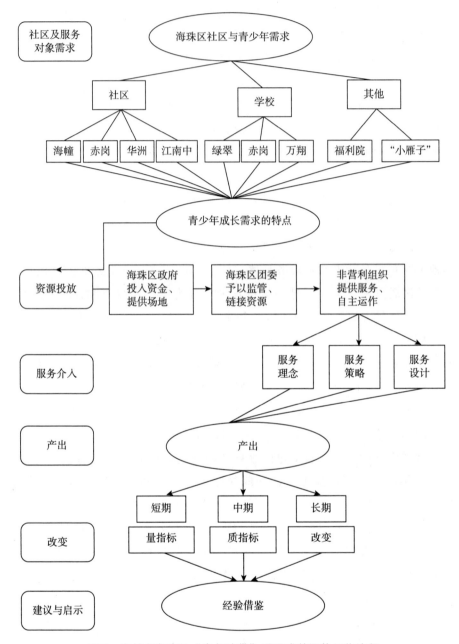

**图1 广州市海珠区"青年地带"项目成效评估工作流程**

"青年地带"项目的观感和态度，以总结"青年地带"项目在社区、学校、院舍开展的成效与影响。

（3）焦点小组访谈。本次调研，研究者在绿翠中学社工站、赤岗中学社工站、江南中街赵广军生命热线社工站召开了三次青少年焦点小组，共访谈青少年 24 名，以了解青少年的服务需求及其参与"青年地带"项目的服务经验，了解项目给其带来的影响，对"青年地带"项目服务的认知与态度、看法；收集其对"青年地带"项目服务的意见与建议，了解在实际服务过程中，哪些手法或方法是切实有效的，收集前线社工的成功经验。

### （四）成效评估分析框架

一是分析"青年地带"项目服务对象的人口特征，以探讨项目服务对不同年龄层次、教育、家庭情况的青少年及不同年龄、婚姻状况、居住环境的居民的可及性差异问题；二是分析"青年地带"项目服务对象对服务设施环境、服务人员、服务质量的满意度情况，以探讨服务使用者的服务体验和有待改善的空间；三是分析"青年地带"项目三年服务的总体产出数量，以探讨服务的成本效益问题；四是分析"青年地带"项目服务的总体成效〔包括青少年个体成长层面的成效（如"建立青少年自尊自信"、"发展青少年多元智能"）、群体层面的成效（如"促进青少年融入社会"、"搭建青少年人际交往平台"、"引导青少年发展助人精神"）、青少年家长层面的成效（如"树立正确的教子观念、使用正确的方法"）、学校层面的成效（如"预防与解决学生问题，协助学校的管理工作"）、社区层面的成效（如"提升弱势群体的幸福感"）等〕是否回应了服务初衷。

**表 2　证据为本的成效研究分析框架**

| 项目 | 来源 | 评估事项 |
| --- | --- | --- |
| 服务对象人口特征 | 问卷调查 | 服务可及性分析 |
| 服务满意度 | 问卷调查 | 服务满意度分析 |
| 服务产出 | 服务数量统计资料 | 服务成本效益分析 |
| 服务成效 | 深度访谈及焦点小组 | 服务成效分析 |

### （五）讨论

本案例的项目成效评估有完备的框架、丰富的数据及资料，基于实证数据对项目的成效做了多维度分析。但我们也看到这一评估存在一些不足：一是对成效的评估都是基于质化分析资料而没有基于量化的测量，如青少年自信心提升的前后测对比，也无法判定是哪些因素促进了某些效果的产生；二是成本效益分析所用的资料只有简单的统计数据，对管理者来说仍无法精确计算项目的成本，因而难以优化人力及其他资源，等等。

## 五　总结

上述两个例子粗浅地展示了在中国社会工作发展过程中开展实证为本的社工服务的尝试，也许这两个例子在证据收集、分析上不够严谨。但读者绝不会否定，这些并不完美的实证为本的社会工作研究、调查、评估对中国社会工作的发展的重大价值和意义，正如所有实证研究者所相信的那样——有总比没有好（即使研究方法存在各种不足，实证为本的研究总比没有研究的实践更有说服力）。因此，笔者鼓励读者能够在自己的社会工作实践中运用实证为本的思想开展实证为本的社会工作实践。同时，在实证为本的社会工作服务中，以下经验或技巧值得留意：一是要学会平衡理想与现实，对于研究方法的选用、数据分析采用更加实用的策略，抓住主要矛盾、主要问题，而忽略次要的、暂时难以处理的问题；二是要树立理论自信，此处的理论不是宏大、经典的社会学或社会工作理论，而是社工基于对社区民情、服务对象的了解，产生的一种符合逻辑、情境的实践理论；三是要有策略性思维，放大一切有利于实证为本社会工作发展的因素，忽略一些不利的因素，先做能做的。

**参考文献**

罗观翠，2013，《青少年社会工作服务模式及成效研究》，社会科学文献出版社。

Rubin Allen & Earl R. Babbie. 2014. *Research Methods for Social Work* (8th edition). Brooks/ Cole, Cengage Learning.

**图书在版编目（CIP）数据**

中国贫困人群的社工服务：“大爱之行”项目研究/李晓伟等
著 . —北京：社会科学文献出版社，2016.3（2020.7 重印）
（社会工作硕士专业丛书 . 实务系列）
ISBN 978 - 7 - 5097 - 8862 - 2

Ⅰ.①中…　Ⅱ.①李…　Ⅲ.①贫困 - 阶层 - 社会工作 - 社会服
务 - 研究 - 中国　Ⅳ.①D632

中国版本图书馆 CIP 数据核字（2016）第 046136 号

社会工作硕士专业丛书·实务系列
**中国贫困人群的社工服务**
　　——“大爱之行”项目研究

著　　者 / 李晓伟　吴耀健　郭思源　陈安娜　等

出 版 人 / 谢寿光
项目统筹 / 杨桂凤
责任编辑 / 杨桂凤

出　　版 / 社会科学文献出版社·群学出版分社（010）59366453
　　　　　地址：北京市北三环中路甲 29 号院华龙大厦　邮编：100029
　　　　　网址：www.ssap.com.cn
发　　行 / 市场营销中心（010）59367081　59367083
印　　装 / 三河市尚艺印装有限公司

规　　格 / 开本：787mm×1092mm　1/16
　　　　　印张：12.5　字数：192 千字
版　　次 / 2016 年 3 月第 1 版　2020 年 7 月第 3 次印刷
书　　号 / ISBN 978 - 7 - 5097 - 8862 - 2
定　　价 / 69.00 元

本书如有印装质量问题，请与读者服务中心（010 - 59367028）联系